学《易经》通管理

穆晓军◎著

北京大学出版社
PEKING UNIVERSITY PRESS

图书在版编目（CIP）数据

学《易经》通管理/穆晓军著. —北京：北京大学出版社，2008. 5

ISBN 978-7-301-13621-8

Ⅰ. 学… Ⅱ. 穆… Ⅲ. 周易—应用—企业管理 Ⅳ. F270

中国版本图书馆 CIP 数据核字（2008）第 050636 号

书　　　名：学《易经》通管理

著作责任者：穆晓军　著
责 任 编 辑：赵　易
标 准 书 号：ISBN 978-7-301-13621-8/F · 1874
出 版 发 行：北京大学出版社
地　　　址：北京市海淀区中关村成府路 205 号　100871
网　　　址：http://www. pup. cn
电　　　话：邮购部 62752015　发行部 62750672
　　　　　　编辑部 82893506　出版部 62754962
电 子 邮 箱：tbcbooks@ vip. 163. com
印　刷　者：北京富生印刷厂
经　销　者：新华书店
　　　　　　787 毫米 × 1092 毫米　16 开本　15. 75 印张　190 千字
　　　　　　2008 年 5 月第 1 版第 1 次印刷
定　　　价：39. 00 元

目录

第二章 乾坤之志与否泰原理

第六章 对《易经》的批判继承

《易经》是中华文化的大道之源，孕育了中华文化的三大理念，即大道至简、大道相通和阴阳对立，是儒、道、法、兵等诸子百家思想的重要源泉，几千年来，深刻地影响着中国人的思维方式、生活方式和性格。其影响之深远，波及全人类，从日本、韩国到德国、美国，很多异国的文化痕迹和思想成就，都不同程度地受到《易经》的启发和影响。

《易经》的产生，迄今大约有三千到五千年的历史，其内容广博宏大，无所不备，“范围天地之化而不过，曲成万物而不遗”，涵盖天地宇宙、自然现象、社会生活的方方面面，是把抽象的哲理和生动的社会现实结合起来的典范。

《易经》思想有两大基本内核，一是朴素的辩证法——“一阴一阳之谓道”，即宇宙万物都存在着阴阳这种基本矛盾，既对立又统一，互生互换；二是周期性的演进观，“日新之谓盛德，生生之谓易”，所以《易经》要“原始要终，以为质也”，即揭示事物的来龙去脉及相关要素，探寻其本质规律。

《易经》思想以辩证和演进的思维方式为基点，观照万事万物，从中归纳和探寻其相关性及前因后果，并深刻阐述和揭示事物运动变化的一般性规律，“天下同归而殊途，一致而百虑”。其中尤其精彩的，是《易经》思想对事物发展转化以及革故鼎新的充满辩证法的论断和提示，千载以下，仍然对今人有亘古常新的深刻启发。

企业管理无非是一种人的行为，是对人为了提高生产效率和降低交易成本的一系列行为的通称。管理在宏观意义上，也泛指公共事务管理、社团管理以及每个人对个人事务、家庭事务的一切资源配置和安排，这是“古希腊三杰时代”以来人们达成的一种共识。亚当·斯密也曾论断每个人都是一个“企业”，都要考虑收入支付和社会交换问题，这是大道相通的一种体现。承担公共管理职能的政府所从事的社会管理行为，更是比任何企业管理都要复杂和重要。

既然管理是人的行为，那么必然是在人的思维和意志的指导下产生的，并且，管理思维指导的管理行为，又必然是在本土具体环境下的行为。作为中华文化的重要基因，《易经》至今仍然深刻地影响着中国人的思维方式和行为模式，当然也就深刻地影响着中国企业的管理方式和方法。

许倬云先生说，“人类过去的所作所为，不论成败，应在适当的阐释后，输送给后人取撷其得失”。那么，对于作为中华国学“众经之首”的《易经》，“应有人担任中介，使故纸堆中的资料，转化为生活中可以对照的镜鉴”，才能充分发挥《易经》“周乎万物，道济天下”的效用，达到“立成器以为天下利”的目的。

《易经》绝对不是故纸堆里的文物，更不是撒几个铜钱、拈两朵梅花糊弄人的江湖把戏。相反，《易经》是生动活泼、博大精深的，感染和影响着每一个中国人的日常生活和行为。从《易经》中提炼出来的若干管理原理和定律，对当今东西方的管理实践，仍然有着巨大的指导和启发意义。比如，《易经》中“一阴一阳之谓道”最经典的阐释之一，就是“否极泰来的管理原理”。

成语“否极泰来”，颇为中国人所熟知，但其中蕴含的重要管理思想，恐怕为多数管理者所未知。此种状况，正如《易经》所言“百姓日用而不知”，或者如黑格尔所言“熟知未必真知”。《易经》中之否泰两卦，以不可思议的辩证法大智慧，用图像特征、文字解说以及两卦关系这三种方式，阐释了“否极泰来的管理原理”，应为今日东西方管理者所必知：

否泰原理之第一定律——以客为上。如果主在上、客在下，即企业或企业主以主观臆断进行生产，将客户需求和客户利益置于自己之下，则是“否”的，是不好的；反之，以客户需要为上、以客户利益为上，这样的管理才是“泰”的，是好的。

否泰原理之第二定律——上下沟通。如果天在上、地在下，即领导在上、员工在下的话，则天地主客各安其位，这中间就缺乏沟通，则企业管理就是“否”的；反之，天在下、地在上，则天有向上升起的趋势，地有向下沉降的趋势，于是上下沟通、天地交泰。

否泰原理之第三定律——内阳外阴。《易经》以下面三爻为内，上面三爻为外，于是，一个人，或者一个企业，外表阳光但内心阴暗的话，则是“否”的；反之，外通处世之道、内守贞正品质，“外圆内方”才是“泰”的。

否泰原理之第四定律——对方立场。无论是泰卦还是否卦，从相反角度看来，又转化为否卦和泰卦，这是《易经》卦变的一种方式，其哲学意境即是提醒管理者，凡事必须具备对方立场，决策时必须征求反对意见，在不同的发展阶段必须不断地反思自己，这样的管理才能成功。

否泰管理原理，仅是《易经》管理思想的一个典型案例，类似的启发和提示，在《易经》中随处可见，并且，尚未被今人所充分发掘和利用，比如“做事谋始”、“其初难知”，阐释了经济学的路径依赖原理，“乾元用九，乃见天则”阐释了垄断竞争市场结构原理，等等。

从《易经》初创的新石器时代晚期到今天，人类社会的变迁可以用沧海桑田来形容，社会的演进，使物质面貌“今是昨非”。对管理者而言，市场虽然每天在变，但人性中的很多东西，却是不变的，外在的物质世界的表象，可能每天都在变化，但事物发展变化的内在规律，却是不变的。所以，《易经》中讨论的话题，《易经》的思维方式，比如“有孚比之”、“无往不复”、“凡益之道，与时偕行”等，都是人类永恒的话题，都是亘古常新的。这些哲学命题永远伴随着人类历史的演进，《圣经》说“太阳下没有新的东西”，就是这个道理。

《易经》的三大品性，即平易近人、博大精深和亘古常新。平易近人与博大精深之间，看似矛盾，其实蕴含了一个深刻的道理，就是要看读者的觉悟能力。同样一部作品，读者的知识、阅历、思维方式和修为境界不同，从书中获得的体会和感受也是迥异的。不但文字作品如此，音乐、美术，甚至电影创作，都有类似的传播规律。虽然思想载体不同，受众感官不同，但道理是相通的。

阅读《易经》，体会《易经》思想，读者的阅历越丰富，则收获越大。并且，随着读者阅历的增加，再回头读《易经》，就会有更深刻、更丰厚的收获，这是一个从平易近人到博大精深的过程，是《易经》思想转化为读者本人生命体会的过程。

我在北京和上海两地的 MBA 进修班讲授“《易经》管理哲学”课程，发现通常是具备大学文化程度和十年左右管理工作经验的学员，收获最大，也最能引起共鸣和讨论。而如此众多的企业主和职业经理人之所以对“《易经》管理哲学”感兴趣，一是因为可以体悟到国学思想的精华而喜悦不已，二是因为《易经》思想在今天仍然有着鲜活的生命力，可以提高管理者的人格境界，具体指导管理实践，所以说，《易经》思想又是亘古常新的。

本书的特点在于，从我们身边的管理实践出发，深入浅出地系统解读《易经》思想，阐述《易经》思想在管理实践中如何启发管理者的思维和指导管理者的行为，使古老的国学思想在今天的管理实践中焕发新的生机。

本书总计分为六章，其实这是《易经》“六爻思维”的体现。

《易经》的六爻，其理念之一，即是代表事物发展的六个阶段，其中典型如乾卦，以六爻阐释企业或企业家成长的六个阶段，并对每个阶段作出最重要的提示。大道相通的是，乾卦的“六阶段演进观”作为对事物发展的一般性规律的抽象和归纳，同样可以涵盖人类学习和认知的进步历程，此人类认知当然包括管理思维的提升和管理思想的成熟，也包括今人研习《易经》的历程。

所以，本书的六章，就是管理者研习《易经》思想的一个“乾元周期”的过程：

第一章是乾卦所称的初九，即事物的第一阶段，是对《易经》常识的介绍，如卦爻顺序、经文结构。此种初步介绍，并非易学史的全面回顾，而是择其要的归纳，并侧重于日常生活和管理实践中一些熟知常见的案例，以及《易经》思想作为大道之源与东西方各家思想之间的联系。

经由初九的常识积累，第二章以清华校训的乾坤之志为楔子，以《易经》乾坤否泰四大卦为主干，全面系统地阐释了《易经》管理思想的主要内容，其间穿插介绍十余项重要的管理定律，如权重定律、营销原理、路径依赖、产品与技术周期、垄断竞争等，均与当今的管理实践息息相关。

前两章帮助读者快速认知《易经》的基础知识与管理的关系，第三章则侧重于对《易经》思想体系、哲学范式和推演结构的系统性阐释，并为更高层次地解读《易经》进行思维储备——此章是难点。

《易经》认为，在事物发展和认知进步的六阶段中，前三个阶段是初级阶段，即内卦阶段，后三个阶段是高级阶段，即外卦阶段。在第三阶段，从职场“初哥”到企业高管的成长过程中，中层干部必须从大量的一线管理经验中，培养锻炼出自己系统化的思维和组织能力，从之前各种具体经验中，抽象归纳出自己的管理认知和管理思维体系，此即《易经》所言“终日乾乾”的反思期，是初创企业和成熟企业，或者初级和高级经理人之间的分水岭。

所以，第三章对《易经》思想的研习，是基于之前对《易经》的认知所做的系统化整理，从之前的管理定律，梳理提炼出了《易经》管理思想的思维体系，这是初级认知和高级认知之间过渡的位置，所以，第三章是《易经》思想研习之路上的一个“瓶颈”，管理者必须努力突破。

第四章则进入研习《易经》的“高级境界”，以企业高管的思维方式，宏观提炼出《易经》管理思想的核心理念，并辅以精彩演绎的商业智慧案例。至此，《易经》管理思想已从直白的知识介绍，升华为给管理者的智慧启迪。管理者对若干核心理念的品味和体会，成为管理者领导人格的组成内容。

此时《易经》思想对管理者的最大启发，在于管理方法论的构建，乾坤两卦的大乾坤、否泰两卦的小乾坤、老阳老阴的小小乾坤，三层境界和四个象限的思维方式，构建出企业管理的方法论的初步体系，涵盖中西、无所不备，是管理方法第一次的系统性归纳。

至第五章，读者对《易经》管理思想的研习，以及读者本人的管理思维均达到“一以贯之”的境界，此时之核心，就是《易经》管理哲学的三易原则及其在管理实践中的运用。此时的管理者，应该油然而生大道至简的感慨，“重剑无锋、大巧不工”，纷繁复杂的管理事物，在管理者眼中会变得简易和清晰。

最后一章，通过对《易经》思想“亢龙有悔”的批判性审视，使读者获得扬弃继承的辩证体会。通过从“管理操作工到管理哲学家”的升华扬弃，使成功成为《易经》研习路上的又一个新起点。

本书的六章，即管理者研习《易经》思想从初级到高级的六个阶段，就是中华民族“自强不息乾龙健”的过程；而本书六章的使命和禀赋，即所谓“天命之谓性”，尽力辅佐和帮助读者深入浅出、透彻研习《易经》管理思想。在读者研习进步的历程中，能够充分发挥“厚德载物坤马顺”的效用，是本书六章“尽己之性”的奉献目标。

我们希望，管理者通过本书六章“乾龙周期”的研习历程，使古老的国学思想转化为读者本人的人格力量，并进而在之后的管理实践中焕发更大的生机，取得更大的成就，这就是《易经》所谓“立成器以为天下利”、“举而错之天下之民谓之事业”的理念。

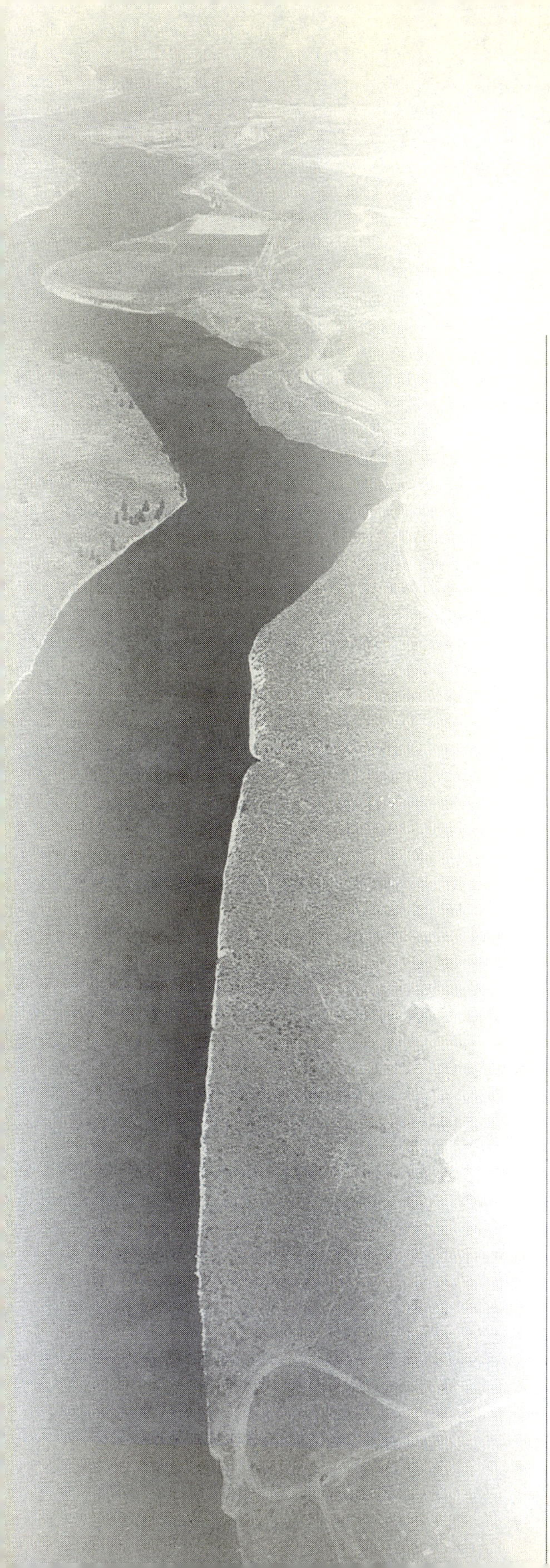

第一章

中华文化的大道之源

初九在《易经·乾卦》中意味着事物发展的第一阶段，也是研习和品味《易经》管理思想的“启蒙阶段”。《易经》思想源远流长，其中有些入门的基础知识需要我们予以知会，方可顺利踏入研习门径。貌似晦涩的《易经》文化，在我们的日常生活和管理实践中，其实是随处可见、拈之即来的。

【一】

日常生活中的《易经》案例

《易经》给我们的第一印象是：一些“阴阳卦画”奇怪、复杂地排列在一起，后面跟着许多晦涩难懂的古文，一副神秘、深奥的样子，仿佛离我们很遥远。

其实《易经》离我们并不遥远，身边有很多很多的“《易经》案例”，我们每一个人的身上也都打满了“《易经》的烙印”。

“贞观”、“奉天”、“顺天”、“元吉”，这些都是古代帝王在年号中喜欢采用的词。即使在今天的日常用语中，仍然包含很多“《易经》元素”：“你怎么变卦了”、“凡事物极必反”、“希望你大有作为”、“扭转乾坤”、“不速之客”、“匪夷所思”，等等，这些话其实都是从《易经》中来的。

“变卦”这个词不用多说了，即使不了解《易经》的读者，也知道《易经》是“算卦”的。

“物极必反”是《易经》的核心思想，体现了一阴一阳、对立统一的辩证法的思维方式。这种思维方式对很多大师都产生了深刻的影响，比如老子提出的“物壮则老”，孔子倡导的“过犹不及”，等等，其思想本源都来自于《易经》。

“大有”是《易经》六十四卦中的一卦，象征着收获很多，所以汉语中很多褒义的词语都使用了这个卦名，如大有作为、大有收获、大有成就，等等。“大有”这个卦中提出了一个观点，叫“柔得尊位大中”，意思是柔和厚德处于尊位才显示出博大持中，持此理念，“大中”现在成为一家非常著名的家电销售企业的名称。并且，非常巧合的是，“大中”两个字又是《大学》和《中庸》的字头合称，而这两篇是儒家经典中的重要文章。国学大师南怀瑾先生认为，《大学》和《中庸》这两篇文章，分别代表着《易经》中的乾坤两卦，一个讲自强进取，一

大有

·**卦辞**:大有,元亨。
·**象辞**:大有,柔得尊位大中,而上下应之,曰“大有”。其德刚健而文明,应乎天而时行,是以“元亨”。
·**象辞**:火在天上,“大有”。君子以遏恶扬善,顺天休命。
·**爻辞**:初九,无交害。匪咎,艰则无咎。
·**爻辞**:九二,大车以载,有攸往,无咎。
·**爻辞**:九三,公用亨于天子,小人弗克。
·**爻辞**:九四,匪其彭,无咎。
·**爻辞**:六五,厥孚交如,威如,吉。
·**爻辞**:上九,自天祐之,吉无不利。

个讲辅佐奉献，这也是企业家和管理者最重要的两种品性。

1. 名字中的《易经》色彩

企业或者社团的名称包含《易经》词汇的案例非常多，这通常代表了组织创始人的理念或者价值观。家里生了一个孩子，给孩子起名字就是全家人的大事情，通常要寄托长辈对孩子的期望和祝福，并且要显得有个性、有文化。文学作品中的角色名称也很重要，如贾宝玉、林黛玉都隐喻着角色特征，而《西游记》的主人公孙悟空，这个名字也是有着极其深刻的寓意的——“有限人生应悟空”，这是人生哲学的至高境界。

企业的管理行为，可以分为很多种类，但每一个企业的第一个管理行为，肯定是知识产权行为，即决定企业的字号。企业的产生，是以领取营业执照为准的，所以，先有了决定企业字号名称的这个管理行为，才会有企业的“出生”，用工商管理的术语来说，就叫名称预先核准，权利期6个月，不得转让，不得经营，此时这种无形资产已经有了排他性的禁用权。

《易经》的文化思想渗透在我们每个人的骨髓之中，即便是当代西方“文化殖民”来势汹汹，仍然有很多中国企业家或者社团创始人，采用《易经》中的词汇作为字号，以此表达愿景，陈述组织使命。

“天行健，君子以自强不息”，“天行健”象征着中华民族伟大的进取精神。“天行健”就是常见的企业字号，据我们了解，国内每个省份都有叫此名称的企业，仅北京至少就有数十家。在北京市企业信用信息系统的网站上，可以搜索到数百家不同行业的“《易经》字号”，比如，厚德安邦、厚德博雅、大有鼎新、大有东方、用九文化、保合利贞、乾元飞天，等等。

北京有一个经济研究所叫“天则”，这是著名经济学家茅于轼先生领衔的一个研究机构，聚集了中国很多顶尖的经济学家。茅先生等学者要达成的组织使命和愿景，即“天则”，来源于《易经》“乾元用九，乃见天则”，这是《易经·乾卦》里非常重要的一句话。

我参加合伙的北京市中孚律师事务所，“中孚”二字是《易经》第六十一卦的卦名。读者即使不了解《易经》，仅直观地打量“中孚”的卦象，也能感觉到“虚心”的意思。在《易经》中，中孚象征着诚信修养，“中孚以利贞，乃应乎天也”，意思是说，人有诚信之德，利人守正，乃符合天道。

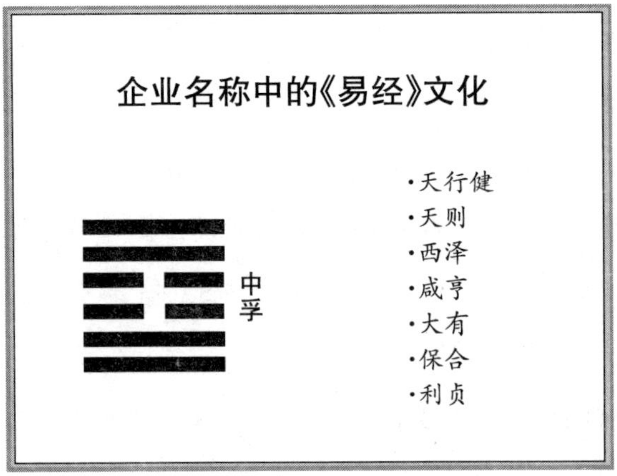

还有一些企业表面上没有直接引用《易经》中的词汇，但字号中却隐含着《易经》的理念，如北京西泽管理咨询有限公司，这是一家培训公司，“西泽”的含义，即取自“兑卦”——“两泽相叠”为兑，《易经·兑·象》曰：“君子以朋友讲习。”意思是说朋友之间讲习，以交流知识，是令人喜悦的事，非常贴切地表现了培训公司应有的理念。

鲁迅先生笔下曾经描写过江南的一家咸亨酒店，“咸亨”两字即源自《易经·坤卦》中“含弘光大，品物咸亨”这句话，是一个寓意深厚的词汇。据说现在绍兴一带有很多商家都在使用“咸亨”二字，如咸亨酒店、咸亨花雕酒，等等。

因为北京长期是中国政治、文化的中心，所以“满街都是《易经》案例”。常来北京的朋友都知道，三环路是北京最重要的城市主路，其中，北三环上有一个安贞桥，西三环上有一个丽泽桥，这“安贞”、“丽泽”的名字就是来源于《易经·坤卦》中的“安贞之吉，应地无疆”和《易经·兑卦》中的“丽泽，兑”。

2. 故宫里的《易经》文化

《易经》文化案例最集中的地方就是北京的故宫。我们去游览故宫的时候，会发现类似保和殿、天安门等这些重要的建筑都是“九开间、五进深”的比例，就是说建筑的正面宽度相当于门的9倍，叫“九开间”，由10根大柱子分隔出来，而建筑的宽度与纵深的比例通常是9∶5。象征着“九五之尊”，《易经·乾》：“九五，飞龙在天。”意思是说皇帝是九五之尊。

从另外一个角度讲，9是单数中最大的，《易经》中把单数称为阳数，所以9是最大的阳数，是阳数中的至尊，而5恰恰是阳数1、3、5、7、9位置在中间的数字，象征着中庸、中和，所以九五之尊也意味着皇帝既是最高的，也是最公平的统治者。

长期以来，9和5这两个数字就被赋予了超出数学计算之外的意义，成为封建等级制度的重要象征。而所谓封建等级制度，是君主时代的重要管理体制，是一种官僚秩序，所以，封建帝王认同《易经》等经典著作，绝非仅仅因为爱好或文化享受，而是由此获得社会管理的启发和依据，用经济学的话讲，帝王们的选择当然都是“理性”的。

在中国古代，这种“九开间”的房子不是乱盖的，王爷千岁的宅邸，只能是七开间，级别再往下，则是五开间，或是三开间，分别代表着不同的社会地位。再有钱的财主，擅自盖九开间的房子，也是犯了弥天大罪。

清代等级森严，二品以上官员可以盖五开间的房子，之下的官员只能盖三开间的房子。所以去平遥古城参观的人会发现，偌大的古镇好像只有一户人家有五开间的大房子，其“法律依据”是祖上曾经官至二品，其余的人家，即使再有钱，盖一套10万间房子的大院子都可以，但绝对不敢盖五开间的房子。所以，除了故宫之外，九开间的建筑一般要去十三陵或者孔庙才能见到，其他地方应该没有，除非是废除帝制之后的新建筑。

有意思的是，9的至尊含义，直到今天仍然是我们中国人默认的一种文化习惯。很多单位的办公楼，比如一些大集团或高级别的机关，单位最高负责人的办公室是在9楼，而不是象征发财的8楼，这就是受《易经》文化影响的具体案例了。

故宫最重要的建筑是前朝三大殿：太和殿、中和殿、保和殿，这三大殿的名字全和《易经》有关，而且三大殿是建在一个共用的高平台上面的。这个高平台的纵横比例也是9∶5，仍然昭示着“九五之尊”。其中，最重要的建筑太和殿在明朝初建的时候，也是九开间、五进深的，只是后来在清朝重建时被改成了11开间，据说是取“二中之和”，即阳数中间的5和阴数（偶数2、4、6、8、10）中间的6之和，以充分象征“允执厥中”。

故宫内廷，乾清宫、坤宁宫以及中间的交泰殿，也都是按照《易经》的卦名布局和命名的，“乾”“坤”“泰”都是《易经》的卦名，并且是《易经》最重要的三卦。故宫中的很多匾额题字，也处处都是《易经》内容的体现，如最重要的格言“首出庶物，万国咸宁”，这是康熙亲笔所题，是《易经·乾》中的一句话，意思是天道创造万物，四方各国和美昌顺。

3. “天地日月”坛的先天方位

“天地日月”坛是北京城的象征性的建筑。天坛在城南，最有名的是祈年殿，还有直径达45丈的祭坛（九五的乘积）；地坛在城北，现在“地坛书市”已经像过年的庙会一样，成为北京人文化生活的一部分；日坛在城东，与使馆区和CBD毗邻；月坛在城西，附近有金融街。

这个“天地日月”坛的方位，即是《易经》中所说的先天方位。这种方位说法，大约起源于战国，而于宋代之后，被绘制成图形，并大肆传扬。

“天地日月”坛的“先天方位”

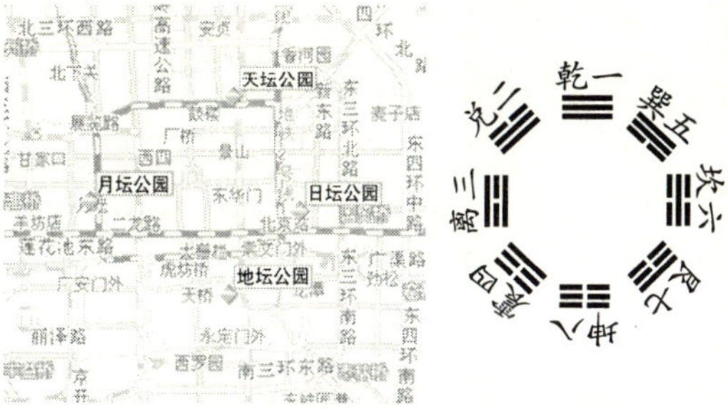

所谓先天、后天，我们可以当作是以《周易》的产生为准，其生之前，即更古老的《连山易》、《归藏易》时代，是属先天，《周易》有生之后是为后天。也有一种观点，认为是以宇宙生成为准，宇宙生成之前为先天，之后为后天，这是对划定基准点的不同意见，但不影响先天与后天两个概念之间的区别。

好比我们每个人，其实都只受两种因素的影响，一是先天因素，或者叫遗传，二是后天因素，我们叫环境。通常遗传我们无法选择，就只有靠后天的努力；刚刚出生的数百个婴儿，可能其自然禀赋都差不多，是后天的环境和行为，才出现了不同的人格和人生。

先天易与后天易之间的异同，今人知道的很少，因为《连山易》和《归藏易》没有传世，据说道教当中有关《归藏易》的先天资料保留的较多，江湖上的堪舆以及梅花算卦中，据说也保留和利用了一些，但都是凌乱甚至面目全非的信息。较有共识的是，研究宇宙生成之前的事情，应该使用先天的理论体系，研究宇宙范围之内，即现世的经世济用，应该以后天道理为准。先天和后天之间，八个卦分别放在哪个方位，是有所不同的，以右下角为例，也就是西北方位：《连山易》是山，也就是艮卦，《归藏易》是地，也就是坤卦，《周易》则是天，也就是乾卦。

比较有意思的是，后天八卦，也就是“文王八卦方位”图上，西北方位是“乾”。因为很多人相信“乾位”代表财富，所以在当今的城市建筑中，有很多高档楼宇都是放弃正南正北、而在西北方向开门，显得“比较邪门”。这也算是《易经》文化的一种感染。其实，乾是否代表财富并无考证，共识的意见是乾可以代表金属、坚硬。有《易经》之时，尚无元宝、铜钱之类的金属通货，更可靠的财富代表应该是贝类或者粮食。

文王八卦方位

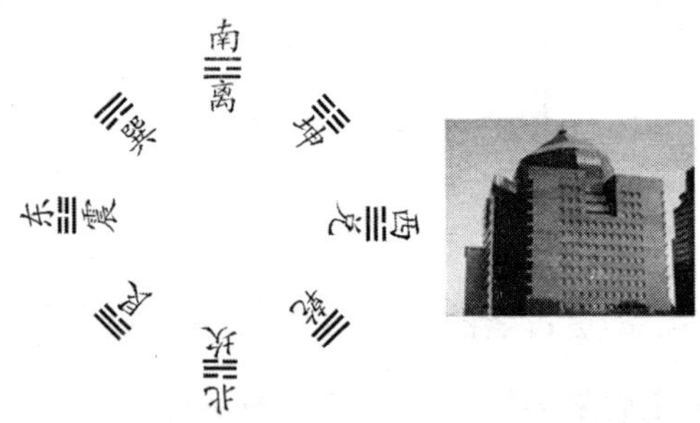

不过，无论先天后天，《易经》中“上南下北、左东右西”的这

个大方向是不变的。于是，想要考察自己所在的位置处于《易经》方位图的哪个方位，也可以将当地的地图“头上脚下”地彻底颠倒过来看。由此我们可知上海徐家汇在“坤位”，是地，北京中关村在“乾位”，是天，北京 CBD 在“震位”，是雷，等等。

【二】

《易经》在国外的影响

《易经》思想的传承脉络，除了中华国学之外，还有两个重要的异域分支：其一是对亚洲文化的影响，比如日韩两国；其二是对欧美思想的启发，其中以黑格尔、莱布尼茨、荣格和爱因斯坦等学者为代表。

1. 天地日月的韩国国旗

在历史上，韩国受中华文化的影响非常深远，最典型的例证，就是充分体现了《易经》文化的韩国国旗。

古代中国和韩国（高丽）都是没有国旗的，到了清末，受全球化的影响，我们开始知道“天下”和“国家”的概念并非相同，逐渐地了解到国际法和国际秩序的一些规则，于是清政府把黄龙旗作为国旗。

1883 年，韩国官员出使中国和日本的时候，因为知晓了国际惯例，觉得韩国也应该有自己的国旗，以便符合双方会晤时的礼节。于是，两位出使的官员在路上设计了“太极四卦”图样的国旗。

今天的韩国国旗与当初的设计略有变化，即中间的阴阳形状略微简化了一些，不过整体思想纹丝未动，这些许的变化几乎可以忽略不计。从 1948 年开始，现行的这个图样正式成为韩国国旗，并使用至今。

可以肯定地说，没有对《易经》文化的深度认可，这样的图形是不会出现在国旗这么庄重的标志物上面的。

韩国国旗图样的四周分布着《易经》八卦当中的四个卦象：左上角三个整画的卦是《易经》中的“乾”，可以代表天、男、强硬，等等；右下角的三个断画是《易经》中的“坤”，可以代表地、女、柔和，等等；这是至阳和至阴的两卦。国旗图样的左下角，中间断画、两边整画的是“离”卦，可以代表太阳、火等，右上角则是“坎”，可以代表是月亮、水等，这是阴中带阳、阳中带阴的两卦，并且卦画正好相对，阴阳相反。

《易经》经典案例——韩国国旗

- 韩国国旗受《易经》思想的深刻影响。
- 1883 年出使中国和日本的两个高丽官员临时设计的。
- 1948 年正式成为韩国国旗。
- 天地日月高丽魂。

《易经》基本卦有八卦，设计韩国国旗图样的人，选取的是《易经》中代表“天地日月”四卦，几乎就是北京城“天地日月”坛的一个简要翻版。至于这个图样的中心，明显是太极图的变形，体现着阴阳互动、运转不已的含义。据说这个图形被称为“高丽魂”。

韩国民众非常喜爱中华文化，从学术经典到民风民俗，喜欢之深切，就仿佛我们喜欢朋友的孩子，就恨不得自己也生一个一样可爱的出来。于是把中华文化的很多东西都当作本土的文化去热爱，真是深入骨髓、渗入血脉，比如拿端午节去申请世界非物质文化遗产。

这其实也不是坏事，说明中华文化非常优秀，人家才会喜爱，我们为此应该更珍惜我们的国学，热爱我们的民族。至于名分归属的正本清源，要知道历史虽然偶尔沉睡，但是从不说谎。

2. 南面而治的明治维新

一般认为，《易经》是从唐代开始传入日本的。古代的日本官员，通常也都是精通中华文化的饱学之士。

1868 年，日本幕府统治倒台，开始搞资本主义维新。新政府取什么新名字，或者说天皇取什么年号，都要颇费苦心。

最后的结果是，他们引用了《易经·说卦》中的一句话："圣人南面而听天下，向明而治。"于是，日本天皇改年号叫"明治"，而且他们还提出，"不懂《易经》不得入内阁"，从此开始了历史上著名的明治维新，这是日本强国的开端。

《易经》文化经典案例——明治维新

· 《易经·说卦》："圣人南面而听天下，向明而治。"
·1868年9月8日，日本天皇改年号为"明治"，从此开始明治维新。

	南	
东		西
	北	

圣人在此

《易经》所说的"南面而听天下"，就是"坐北朝南，面向南方"，仿佛皇帝坐在金銮殿上君临天下一样。《易经》中方位图的问题非常重要，和我们今天熟悉的地图截然不同。

我们今天常用的中国地图、世界地图，其方向是"上北下南、左西右东"，这是西方文化影响的结果。

《易经》中却是"上南下北、左东右西"的，这个不可不知，否则就把《易经》的图像都看错了方向。

假设我们离开地球，站在与赤道同步的人造卫星的位置，从地球之外看地球，上北下南、左西右东，是没问题的，这是西方制图的常规。

但《易经》不肯离开地球，而是让我们站在地球的北极点上向南看去——于是，脚下是北，黑龙江附近；远处是南，广东、海南；左手是东，山东、江苏；右手是西，青海、四川。

所以，我们看《易经》的图像，都要在脑海里“翻转”一下，脱离西方地图的思维束缚。最简单的办法，就是索性假想自己站在北极，再来看大地，心旷神怡之间，有没有一点“圣人的感觉”？

还有一个办法，就是假设我们是皇帝，坐在太和殿皇帝的那个座位上，此时等于坐在《易经》八卦图的中心位置，坐北朝南，背后当然还是北，左东右西也没问题。这种“南面而听天下”的感觉，其实就是明治天皇“明治”的寓意，而这种“帝王明治理念”其实是日本受中华文化感染的结果。

3. 太极图的分歧和荣格理论

周敦颐是北宋的大儒，宋朝理学大师程颢、程颐兄弟和朱熹都深受其学说影响。

也许很多人不知道宋朝有周敦颐这个人，但通常都熟悉一篇文学作品，即《爱莲说》，“予独爱莲之出淤泥而不染，濯清涟而不妖，中通外直，不蔓不枝，香远益清，亭亭静植，可远观而不可亵玩焉”，“出淤泥而不染”象征了人的高贵品质，千年以来，广为传诵。

周敦颐是研习《易经》“自主创新”的榜样，根据《易经》的思想内涵，他创作了太极图，对后世影响非常大。太极图其实是儒学、道学、玄学、佛学等多种思想交融的结果，是“天下大道，殊途同归”的典型作品，所以，在易学发展史上，是《易传》形成之后的一项标志性成果。

太极图形象、直观地反映了《易经》的思想内涵：阴中有阳、阳中有阴、阴阳互动、循环不已，其中辩证、均衡、沟通等理念，让人用语言难以描述。而此“有秩序而无核心”的模式，仿佛也很贴近现代逐渐开始流行的组织管理模式，即从沉重刻板的金字塔层级，进步到均衡、灵活的结构，这是一种强调沟通和互补的组织架构。而以太极图任何角度加一条切线，被分开的部分中总是有阴有阳，即事情没有绝对的，这个世界并非“非此即彼”那么机械的。

太极图在国外非常流行，不仅韩国人喜欢，欧美也有很多太极图的“粉丝”，比如量子物理学奠基人之一的著名科学家尼尔斯·玻尔，在被封为爵士的时候，选了中国的太极图作为他的徽章的主体图案，以象征中西文化的相互融通。

除了创作太极图，周敦颐还写作了《太极图说》，记录了自己学习《易经》的思想体会，这也是易学文化的一个组成部分。如上所述，这些“思想体会”是《易经》成书两千多年之后的作品，我们都可以批判地去继承，可信而存疑地去参考和讨论，而不能把它们当作真理或《易经》的本意来看待。

不知从何时起，太极图本身也出现了“分歧”，就是图中阴阳转向的彻底不同。有时候，我们可以在一本出版物的不同页码，看见两种不同旋转方向的太极图，而书中却并不就此做出解释。甚至还发生过某风水先生堪舆谋生数十年，却从未注意到太极图原来还有两种转向区别的问题。

通常我们认为，逆时针旋转的是与《周易》匹配的太极图，即文王后天图，辨认起来其实也很容易，就是阴阳交界恰好形成一个“S”形曲线。而与《连山易》和《归藏易》对应的先天太极图，是顺时针旋转的“2”字形曲线。据说道教对先天八卦的东西保留了很多，所以经常可以在道场中见到顺时针太极图。

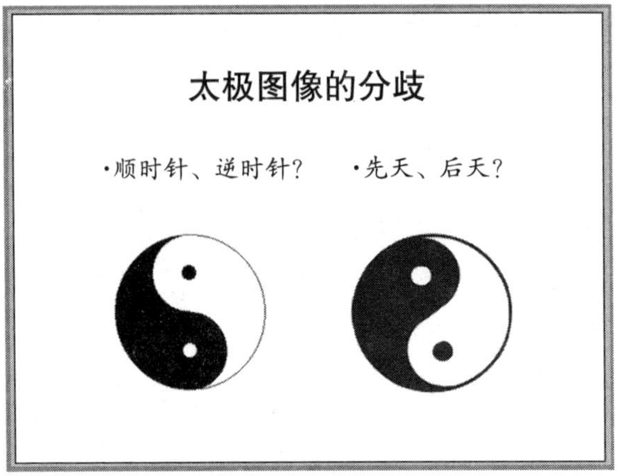

至于先天、后天的区分，以及两种太极图之正误，历来争议很多，出现了谁也说服不了谁的胶着局面。看来只能等更多的考古发现帮我们逐渐澄清这个问题了，仅作口舌争议只是徒劳无功。

欧洲人当中，与周敦颐的思维方式最类似的，就是心理学大师荣格。

荣格早年师承弗洛伊德，后自创学术理论，为心理学的发展作出了重要贡献。荣格也是学术界公认的《易经》研究学者，是西方的《易经》权威。他的学术理论处处透露出《易经》思想的深刻影响，比如有意识和无意识，内向和外向，等等。

最有意思的是，荣格非常喜爱《易经》八卦理论，参考体会之下，将自己的人格理论也构建成一个八卦模式：以“内向”和“外向”为一阴一阳，辅以思维、情感、感觉、直觉这“四象参数”，将人格理论归纳成八种类型，比如思维内向型、情感外向型、感觉内向型、直觉外向型，等等。

总之，荣格的思想核心之一是“阴中有阳、阳中有阴”，认可人性的丰富，再加以科学的观察和解读，实际上这就是一种太极图的思维方式。

4. 二进制理论与《易经》阴阳二爻

《易经》六十四卦，绝非杂乱无章地罗列起来，而是一个“有机的组合”，是有着严格的逻辑顺序的。本经部分的六十四卦，每卦都是六爻，则总数为三百八十四爻，也就是阴阳交错变化总计是三百八十四个阴阳符号。

越抽象的文字涵盖的内容就越多。比如，我们请领导批示，通常会得到用铅笔书写的支持语——“请依法办理”，这就肯定不会出错；我们请某官员“出来坐坐”，帮忙之后说“肯定忘不了您”，这些话的含义都需要背景的支持才能去破解和演绎。文字本身的内涵是宽泛的，不确定的。

虽然《易经》卦爻本身具备逻辑顺序，但是让普通人记住三百八十四个阴阳符号，也是非常吃力的。但是机器却可以很好地记忆这些一阴一阳的符号，因为可以采用通电和断电的方式去表述。

《易经》大约是在元明时期传入欧洲的，我们今天还能看到一些当时的传教士所做的学习笔记。类似的“《易经》笔记”给欧洲一位大科学家很好的启发。这位大科学家就是德国的莱布尼茨，是微积分的发明人之一，在科学史上和牛顿齐名。

阴和阳与 0 和 1

- 据说《易经》于明朝被传教士带到欧洲。
- 著名的德国数学家莱布尼茨受到启发，在创立微积份之后，于1703年又创立了二进制理论。
- 4=2+2=（1+1）+（1+1）

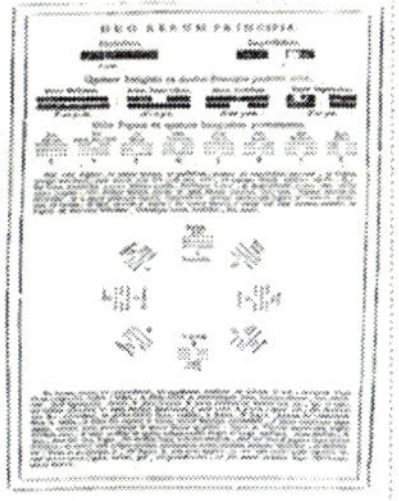

据说莱布尼茨见到《易经》之后深受启发，觉得以一阴一阳的方式来描述和表达数学问题，实在高明合理。于是，莱布尼茨于 1703 年发表了

自己的二进制理论。众所周知，此理论后为美国科学家冯·诺伊曼、英国数学家图灵等人在实践中予以发扬光大，人类在这些理论的指导下，终于迎来了信息化时代。

据说莱布尼茨最早受二进制启发，所演算的数学题就是4=2+2=1+1+1+1，即所有数学运算最后都可以化简为0和1的演算，只要有机械能力使计算足够快。此中的数学哲学思想内涵，是数字只有增减，即一阴一阳，所谓乘除，只是加快增减计算的效率，是量变而已，本质不变。

但莱布尼茨二进制理论的提出是否受《易经》的启发尚存争议，有人认为其构想二进制原理是在接触《易经》之前。我们以为，莱布尼茨的二进制思想受到了《易经》的启发，当属无疑。某种学术理论自构想到成论，自然有一个过程，之间受到某些思想的启发至关重要，这是我们以自身经验所能确定的道理。并且，莱布尼茨在发表二进制理论之后，曾转托传教士赠送给中国皇帝一个当时极为先进的计算器，可见其对中华文化的认可和感谢，据说该计算器系莱布尼茨本人改进的成果，至今仍保留在故宫博物院。

果真如此的话，也算是《易经》在不经意间为人类进步作出的一次贡献了。

【三】

《易经》与《周易》

我们研究《易经》，首先要搞清楚的一件事，就是《易经》与《周易》的关系。

根据资料的记载和零星的考古发现，《易经》总计有三部，分别是《连山易》、《归藏易》和《周易》。

《连山易》和《归藏易》的年代都比《周易》早，但是迄今为止没有更多的考古发现，所以目前还没有人见过这两部书，也没有史料留下来。据说曾经出土了《归藏易》的几个残片，但是尚未进入公众资料的范围。

《周易》则出现得比较晚，一般认为是由黄帝始创，然后由周文王姬昌在被商纣王囚禁羑里的时候进行注释完成的。

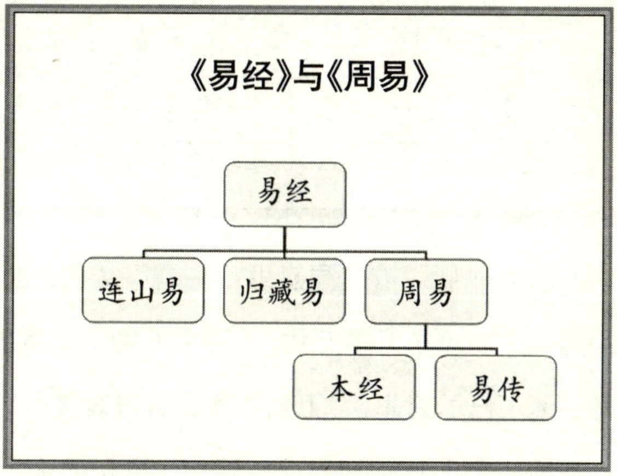

所以，我们现在说《易经》，都是指的《周易》，在没有新的考古发现之前，《周易》就是唯一的《易经》。

《周易》这本书，在结构上可以分为两部分。前半部分叫“经”，也叫“本经”，大约形成于公元前 11 世纪的殷商末年，包括我们常见的八卦符号和对这些符号的解释。

后半部分叫“传”，也叫“易传”，大约形成于春秋战国时期，最晚在西汉时期，这些文字被编纂到《周易》之中去，作为《周易》的一个组成部分。“易传”其实就是当时的文人对《易经》的进一步阐述，总计分为七种，一共十篇文章，所以也叫“十翼”，好像是辅佐本经的十个翅膀、十个附件。

1. 《周易》的经传结构

我们知道“日月为明”，把“日”和“月”放在一起表示光明。

但“日月为明”是指日和月的直接效用，是静态的，而日月也会不停地交替，亘古循环不已，是动态的，所以还有“日月为易”，也就是《易经》的“易”字。所以，《易经》的“易”字的本意就是变化，《易经》准确的英文译名应该是“Changing Bible”，即“变化的圣经”。

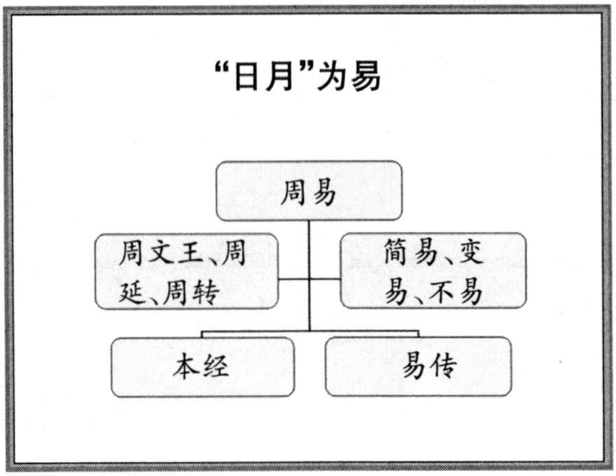

就《周易》而言，一般认为“周”有三层意思：一是周文王，卦辞和卦序的作者；二是周延，即涵盖了万事万物，“周乎万物，道济天下”；三是周转，即循环往复不已的意思，“万物并作，吾以观复”。

而“易”则被演绎成简易、变易和不易，这是《易经》的三大原则，是西汉时期被归纳出来的，称为“三易”。今天的《新华字典》解释“易”字的时候，还是按照这个顺序。另外，有人提出“易”还有一层意思，即交易，因为《易经》中提到了“日中而市，各得其所”，这也有道理，不过尚未成为普遍意见。

《周易》本经部分是由卦画、卦辞和爻辞组成的。一般认为，本经部分的卦画是轩辕氏也就是黄帝创作的，也有人认为是更古老的伏羲氏创作的；卦辞是后来周文王被囚禁于羑里这个地方的时候创作的，并且周文王演绎出了《周易》六十四卦的结构，也就是卦序；再之后，周文王的儿子周公创作了爻辞，也就是卦象中每一爻的具体解说。至此，形成了《周易》这部书的本经部分。

《周易》本经总计有六十四卦，按照目前所知道的卦序，其中前三十卦是上半部分，以乾坤两卦开始，后三十四卦是下半部分，以咸恒两卦开始。这和《道德经》的结构有些相像：《道德经》总计是八十一章，其中前三十七章是讲“道”，后四十四章是讲“德”。二者不但结构相像，连前后两个部分的比例都很类似，都有一个“理论范式结构”。

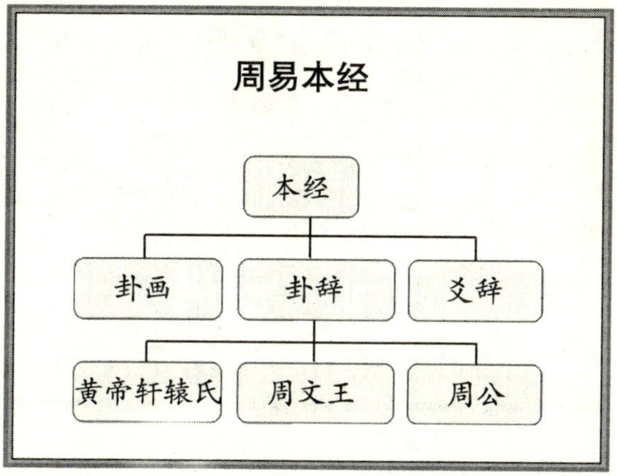

并不是所有的古典著作都有这样的逻辑结构的。苏格拉底自不必说，他的思想言谈是由柏拉图用“对话录”的方式记录下来的，说到哪儿算哪儿；《论语》也一样，孔子思想零散分布在整本书的每一个角落，全书并无理论结构，篇章的题目也只是每章开头的两三个字，如“述而”、“八佾”等；《圣经》，尤其是新约部分，是耶稣的门徒各自记录完成的，分为保罗福音、路加福音等，所以重复记录的就很多，还包括一些古老的信函和诗歌；《古兰经》是穆罕默德在23年的传教过程中陆续宣布的“安拉启示”的汇集，据说篇章顺序是以每章文字的长短为序，文字较多者排列靠前。类似这些思想著作，读者阅读时非常吃力，因为很难看清理论脉络，需要更多的个人归纳和重新提炼、体会。

《易经》却刚好相反，不但有严谨的理论结构，而且每个卦的衔接以及前后顺序，都是刻意安排的，比如“同人”之后才是“大有”，而“大有”之后一定要“谦”，这三个卦的连接体现出了《易经》所要表达的“众志成城才能成功，成功之后要戒骄戒躁”的管理思想，这是《易经》的极高明之处。

2. 《彖辞》《系辞》是《易传》的核心

《周易》的“十翼”就是《易传》，包括《彖辞》上下、《象辞》上下、《文言》、《系辞》上下、《说卦》、《序卦》、《杂卦》，总计是七篇文章，因为《彖辞》、《象辞》和《系辞》都分上下两部分，所以加起来总计是十篇。

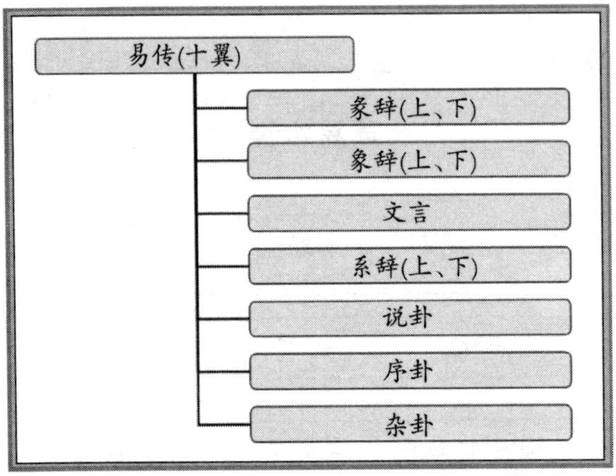

在目前流行的几个《易经》版本中，《易传》这“十翼”排列的位置并不相同。其中，有一个版本的《彖辞》和《象辞》作为注解被穿插进六十四卦的卦辞和爻辞之间，《文言》排列在乾坤两卦的后面，《系辞》、《说卦》、《序卦》和《杂卦》一起被排列在本经之后，形成《易经》的后半部分。这种排列方式，一般认为是西汉之后形成的。

《彖辞》是对本经部分卦辞的直接补充，所以被穿插在卦辞和爻辞之间。比如晋卦，卦德和卦辞都说本卦是讲晋升问题的，《彖辞》就紧接着卦辞展开，阐述“晋升”的理念：“晋，进也。明出地上，顺而丽乎大明，柔进而上行。”

《象辞》是解释卦象特征的，因为《易经》的阴阳卦画是一种图像，即“象也者，像也”，所以叫象辞。

《文言》是专门针对乾坤两卦的解说，所以放在这两卦的后面。这种排列，据说是易学家王弼的首创。

《系辞》是整部《易经》的中心思想，是典型的哲学著作，系统、全面地论述了《易经》的整体思想，其中包括《易经》的理论核心，即“一阴一阳之谓道”，《易经》的哲学范式，即“两仪生四象，四象生八卦”，以及《易经》的“辞变象占”四大功能，等等。所以，《系辞》被称为中国古代最重要的哲学文献。

《说卦》主要记述乾、坤、震、巽、坎、离、艮、兑八卦代表的事物，其中牵强比附之处甚多。

《序卦》是解释《易经》六十四卦的排列顺序的。

《杂卦》是解释各卦大意的一篇文章，比较杂乱简略，被放在《易经》的最后。《说卦》、《序卦》、《杂卦》这三篇文章是秦朝前后的学者对《易经》的学习体会，而非《易经》的本文。学术界一般认为，这三篇文章“附益”的色彩相对比较浓重，仅仅是一家之言。另外，这三篇文章又经常被江湖术士所改造和利用，在附益的基础上添油加醋，作为招摇撞骗的工具。

《易传》部分作者不详，可以肯定的是，这十篇文章不是某一个人完成的，而是多人陆续创作的，大约是西汉时期，这“十翼”才被完全收录到《易经》中。

3. 不存在“全本周易”

上下几千年，易学著作差不多有几千种。一些学者在编注阐释古代著作时，个人主观意识较重，或者故意去迎合现世的需要，于是很可能曲解原著。所以要想透彻地研习古代著作，就必须阅读原文，后人演绎的版本可以作为参考，但绝不能尽信无疑。

可信但存疑，这是一切学术研究的基本态度，也是我们生活中必须掌握的思维习惯。管理哲学的四大方法是怀疑、定义、归纳和对立，这怀疑是第一等的科学态度，当然，怀疑并非故意去破坏，而是要甄别，包含合理的自我怀疑。

学术界对于朱熹《周易正义》、太极图甚至《易传》都曾质疑过，其实这是非常科学、非常严谨的治学态度。我们今天觉得战国或者宋朝离我们非常遥远，但我们不要忘记秦朝与殷商其实也相差了近千年，宋朝与殷商更是相差了2000年以上。以今天科技之发达、考古手段之先进，我们尚不敢说详尽了解1000年前发生的事情，何况古人乎！

所以，《易传》中的很多文字，《太极图说》中的很多文字，朱熹《周易正义》中的很多文字，可能都不是《易经》的本意，用学者的话讲，叫“附益”进去的而已，只是起到了丰富易学的作用。

比如《易经》的卦序和《易传》的内容，我们现在见到的通常是明清以来的版本，但1973年长沙马王堆的考古发现，却让我们知道《易经》另有卦序，《易传》的内容也不仅仅是上面的“十翼”：一方面，出土的“帛书易传”比现行的“十翼”版本多了几篇，比如《要》、《昭力》、《谬和》等；另一方面，现行“十翼”中有的篇章，而“帛书易传”中却没有。

历史有两个“缺点”，一是容易被尘封，二是容易被篡改。比如直到20世纪70年代之前，学术界还否认孙武的存在，直到《孙子兵法》出土，此事才水落石出。一代大儒冯友兰先生就曾否认老子存于先秦，也否认孔子曾经读过《易经》，但马王堆文物确实记载了孔子对《易经》的研习。所以，我们学习历史，永远都只是“逐渐接近”的。

所以，不存在真正的“全本周易”，这就像我们管理企业，看产品质量是否合格，就要看如何订立标准。做进出口业务的，对不同地方的质量标准非常敏感，因为质量总是相对的。以《四库全书》为准，有“全本周易”可言，但此全本，一是被改造过，二是有史以来也遗失最多，所以，古老的《易经》因其古老，今人其实是不识其完整面目的。

但我们也无须悲观，现有的资料其实已经足够我们研习一番的了，甚至终生沉浸其中，也只是“得其皮毛”而已。所以，我们不焦虑，也不懈怠，抱着科学的态度去学习、去享受，去观察现世的人物和事情，这就是智慧的、审美的人生，是人类所能获得的最大的幸福。

“帛书为易”

- 1973年马王堆汉墓重要的考古发现。
- 要、昭力、谬和。
- 卦序区别等问题。

【四】

《易经》是思想之源

1.《易经》是国学精髓

西方哲学大师黑格尔曾经说过：“《易经》包含着中国人的智慧（是有绝对权威的）。”此言善哉！

西周共和之前的史实，今人所知甚少，所以才有前几年的夏商周断代工程。在政府的号召下，集聚了国内各个领域的知名专家，专心考证公元前841年之前的中国历史。从仰韶文化到西周之间，中华民族的文化不断发育，民族智慧经过漫长的积淀，其重要成果之一，就是《易经》的出现。作为文化的主要成果，《易经》自然对其后的思想文化产生了深刻的影响。

《易经》成为大道之源，肯定影响着之后诸子百家的认知和思考，并进而对所有中国人的思维方式、生存格局、基本性格的塑造都产生了深远影响。时至今日，每个《易经》读者仍能从中获得无穷的智慧感受和永恒的智慧启迪，企业管理者在实践中仍能从《易经》中得到有益的提示和指导。在中国文化史上，恐怕没有哪一部典籍能够像《易经》一样具有如此深远的影响力和永恒的生命力。

《易经》是中华文化的大道之源，是国学的精髓。在某种程度上甚至可以说，《易经》思想之深刻，令无数的往圣时贤都对它怀有一种类似宗教崇拜般的特殊感情。

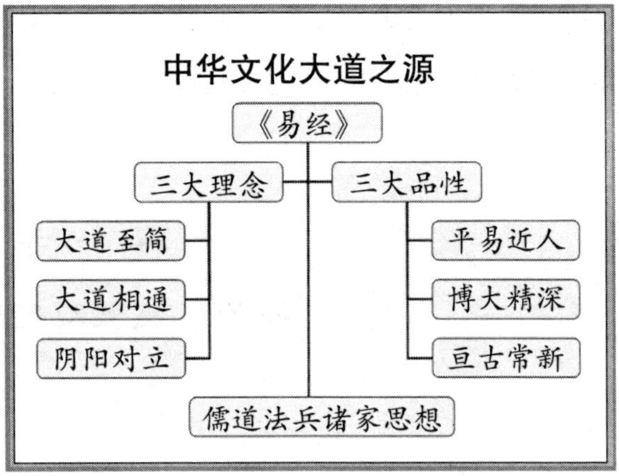

通常我们把截至清朝之前的中国传统文化成就，统称为国学，此后便是西学东渐以及新文化运动。

我们一般认为，广义的国学包括新文化运动之前，即西学东渐之前，中华民族的一切传统文化成就，包括经、史、子、集、中医、书法、国画、京剧等；狭义的国学，则是指上述范围内被当时主流文化所认可的文化成果，比如人所共知的是儒、道、法、兵等诸家学说。

在不同种类的国学文化当中，以哲学为核心；在不同时代的国学文化当中，以先秦为翘楚。所以，先秦哲学著作，是中国国学的精髓。当然，中国哲学与伦理学、史学等交织甚重，也是一个特点。

先秦哲学著作，数量比重在全部国学典籍中肯定不到20%，但却占有80%的权重，这是无人怀疑的事实。所以，研究国学对当代管理的哲学启发，自然应以先秦哲学著作的经世济用为核心课题，其核心的核心，就是《易经》所体现的管理思想。

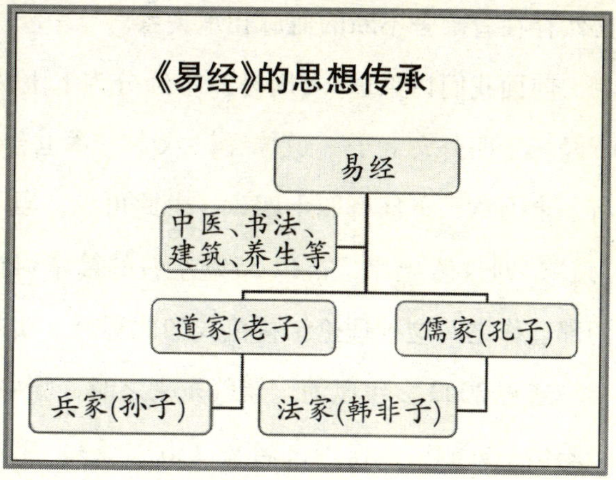

2.《道德经》应是《易传》的一种

我们认为，老子应是《易经》辩证法思想的第一继承人。如果当初追随《易经》的人曾经自立一个“易派”的话，老子应该被推举为“掌门大师兄”。

我们这样说是符合历史逻辑的。老子作为周朝守藏室之史，也就是国家图书馆兼档案馆兼社科院的负责人，拥有同时代学者中最好的学术条件，因此他应当有机会对《易经》进行深入的理论研究。所以我们细读老子的《道德经》，发现处处都有《易经》的影子。

学术界有一种观点，认为老子研习的《易经》，应当是《归藏易》，而非《周易》。但由于《归藏易》未留传下来，今人对此所知甚少，所以无法定论。但比较肯定的意见是，《归藏易》与《周易》之间，虽然会存在一些不同，但二者在思想内核和思维方式上，肯定存在着很多共同之处，所以，《归藏易》、《周易》和《道德经》之间，必然存在着割舍不断的血脉相承关系。

前面我们讨论过，《周易》本经分为上下两个部分，上经三十卦，下经三十四卦，老子《道德经》八十一章也分为上下两个部分，上部有三十七章，下部有四十四章。由此可见，以45%左右的篇章先讨论“道”，即自然规律，再以55%左右的篇章讨论“德”，即人的行为，两部著作之间这种理论结构范式如此契合，实非偶然。

遥想2000多年以前，紫气东来之时，骑牛过关之际，白发长眉的老聃信笔挥洒，创作千古名文《道德经》，洋洋5000言，令人欷歔神往。但有过写作经验的人心里都会明白，所谓谈笑间信手挥洒，其实是一生积累的爆发，此时之挥洒，是以生命厚度作为基础的。

我们认为研习《易经》必须与《道德经》一起读，某种程度上，《道德经》就是“广义易传”的组成部分，其重要性与《易经·系辞》不相上下；换个角度来看，研习《道德经》，则必须读《易经》，否则难以通彻理解那些“道德词句”，因为老子的“师承”是在《易经》。

《易经》的两大传人，分别是老子和孔子，对《易经》的演绎，一个更超然一些，一个更现实一些；一个更了然于“规律”，一个更执著于“规矩”；或者说一个更纯粹理性一些，一个更实践理性一些（纯粹理性和实践理性是康德哲学体系的范畴，此处借用而已）。而这种局面的出现又恰好符合《易经》本身“一阴一阳之谓道”的哲学逻辑，让人不禁欷歔历史的雅量。

3. 诸子百家的思想源头

儒、道两家都把《易经》作为思想的源头之一，兵家、法家，乃至于后来的中国佛学，等等，都以《易经》为其思想源头之一的。《易经》的精神、理念在这些流派的著述中随处可见。

当然，我们说思想传承，并不是说哪一家隶属于哪一家，或者谁高明谁肤浅，而只是研究其思想的继承和发展。兵家的重要思想是辩证法，由此看来，兵家的思想可能更贴近老子一些。法家的代表人物是韩非子、李斯，都毕业于伟大的“稷下学院”，是大儒荀子的学生，都是“由儒入法”的。

一般研究国学管理理论的学者认为，中国千年以来的儒家传统，与其说受孔子思想教诲较多，不如说受荀子思想影响更大。其缘由在于，孔孟学说中以原理性教诲为主，而并无具体建设性的治国主张。孔子的理论听起来很好，但究竟怎么办，如何执行，并没有一个解决方案。“衔接儒法”的大师荀子，由群体研究入手，逐步提出了治国方略和操作指引，并且其思想被学生韩非子和李斯发扬光大，运用到实践中来，对中国历史产生了深远的影响。

今天的企业家如果对先秦思想感兴趣的话，荀子的著作是一定要读的，因为他是“儒法衔接”的关键。如果我们把春秋战国时期的诸侯争霸比喻成今天的市场竞争的话，那么孔孟的理论在激烈的对抗中，就难以在短期内得到有效的发挥，而短期内未能立足的企业，自然也并无长期的未来可言。所以，市场竞争的指导思想就要侧重于法家，而守天下的指导思想则侧重于儒家，儒法并用，是当代企业的一阴一阳之道。再推展一步，企业在儒法并用的同时，“内参黄老外示儒术”，管理者不断体会道家思想，在个性生活中又能识得自己的本心，品味出佛家的禅意，则如此企业家，其为神者乎？

诸子百家当中，《易经》并不属于哪一家。虽然从《四库全书》以来，《易经》一直被归入儒家经典，但这并不贴切，也不全面。《易经》在历史上没有形成单独的学派，易学研习者之中，也有庙堂哲理或江湖术数之分。作为中国最古老、最重要的古典著作，《易经》其实并不属于某一家某一派，而是属于中华民族的，对诸子百家的思想和主张都有深刻的影响。

《易经》的博大精深，不需要细分市场，另立一个山头出来，也不靠叫做什么学派或者什么主义，才能去经营自己的学术权威。《易经》思想之博大，已经渗透在任何思想任何学派和普通人的行为之中，古往今来，概莫能外。《易经》是属于宇宙的，是属于整个自然界和全人类的。

而对于中华文明，《易经》思想最重要的影响就是孕育了中华文化的三大核心理念，即大道相通、大道至简和阴阳对立。千古以来，这三大理念已经成为渗透在我们“思维骨髓”里的一部分，是中华文明的DNA。亘古千年之后，《易经》仍然给我们今天的生活以巨大的智慧启发。

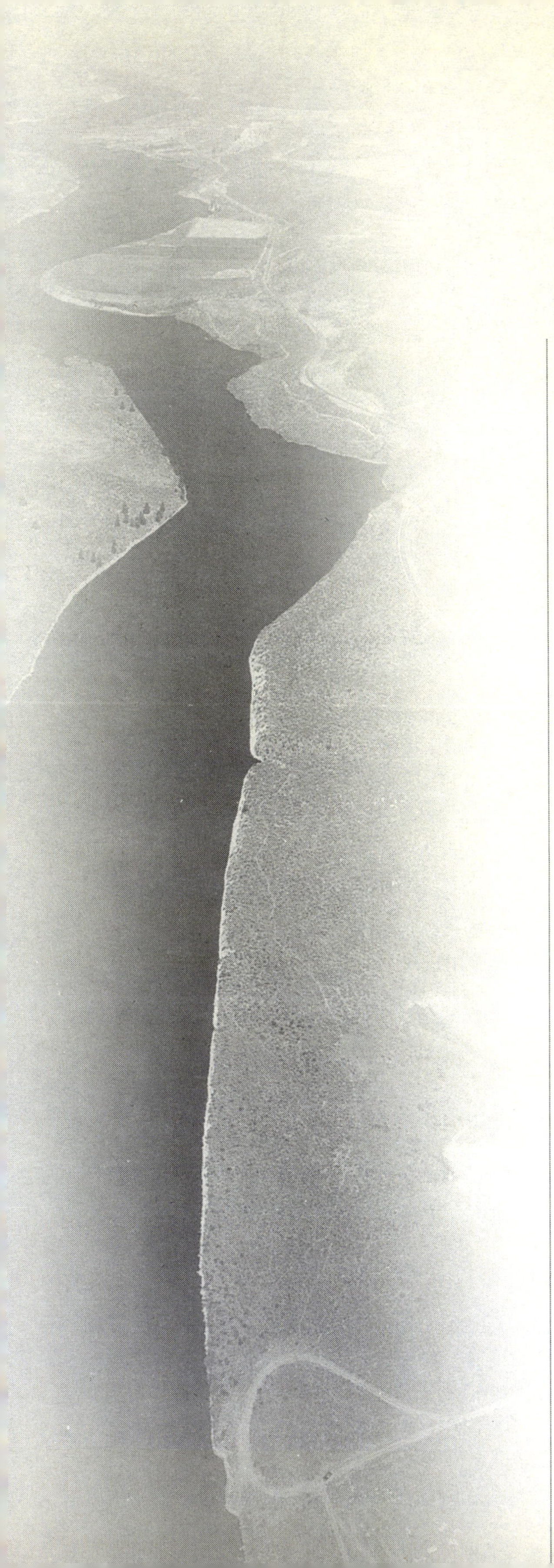

第二章

乾坤之志与否泰原理

九二，乾卦的第二爻，表示事物发展的第二个阶段，是研习《易经》的“见习阶段”。对于一个企业或者一个职场中人来说，这相当于其“创业或者就业之后的高速成长”阶段。

《易经》总计有六十四卦，每一卦都阐述一个主题，比如乾卦说自强、坤卦说辅佐、屯卦说修养、蒙卦说启蒙、师卦说团队、比卦说朋党、小畜卦说积累、履卦说实践、谦卦说谦逊，等等。

管理的成功注定是管理者人格力量的成功，而思维能力和思想深度当然是管理者人格的重要组成部分。翻阅《易经》六十四卦，看六十四卦的注释和解说，就会明白一些人生的道理，当然也会提高我们的思维能力。

【一】

乾坤两卦是《易经》的门户

清华大学的校训是“自强不息，厚德载物”，据说是清华大学校长梅贻琦先生把这两句话确定为清华校训的。这八个字在中国知识界的知名度极高，甚至很多普通人也都了解。

《易经》文化经典案例——清华校训

“乾坤”之志

梅贻琦先生

清华校训的来源，是《易经》的乾坤两卦，这是《易经》六十四卦中最重要的两卦。

《易经》的每一卦都有卦德，阐述这一卦的中心思想，乾坤两卦的卦德分别是“自强不息乾龙健”和“厚德载物坤马顺”，乾象征着天、进取、自立，坤象征着地、辅佐、包容。

“自强不息，厚德载物”这八个字，在《易经·象辞》中的原话是“天行健，君子以自强不息”和“地势坤，君子以厚德载物”。

《易经》对乾坤两卦的评价很高，《易经》中说“黄帝、尧、舜垂衣裳而天下治，盖取诸乾坤”，意思是说，黄帝、尧、舜他们很潇洒地就把天下管理好了，就是依照乾坤两卦的指示。

乾坤两卦被称为《易经》的门户。《易经·系辞下》说：“乾坤，其易之门邪。乾，阳物也。坤，阴物也。阴阳合德，而刚柔有体。”意思是说，乾坤是《易经》的门户，乾为天，天为阳物，坤为地，地为阴物。天阳地阴，阴阳之德相配合。而阳为刚，阴为柔，天刚地柔，各有体性。乾坤阴阳，乾天坤地，地位自然十分重要，成语“扭转乾坤”即指此两卦。

乾和坤是《易经》中至阳和至阴的两卦，而《易经》的六十四卦就是以阴阳二爻组成的，所以，乾和坤反映了《易经》阴阳之间“至情至性”的对立统一。《易经·系辞上》：“是故阖户谓之坤，辟户谓之乾。一阖一辟谓之变，往来不穷谓之通。”宇宙之门闭，是地之阴气当令，宇宙之门开，是天之阳气当令。一闭一开，万物一入一出就是变化，而闭开入出，往来不穷，这就是通。我们讨论《易经》的管理哲学，在初步了解了身边的《易经》案例之后，就必须研习乾坤两卦，由此“门户”进入《易经》的神奇世界。

1. 权重定律是管理要义

《易经》六十四卦，在数量上，乾坤两卦占三十二分之一，在权重上，大约占一半以上。管理学上的权重定律，也叫帕累托定律，最早是由意大利经济学家帕累托提出来的，俗称“二八法则”，或者“80/20 法则”。此定律是说，20% 的数量占 80% 的权重，比如，20% 的重要客户带来了 80% 的营业收入，20% 的司机制造了 80% 的车祸事故。根据此定律，我们应该集中精力“做最重要的事”。如果将此定律再做进一步的推演，可知 4% 的数量占 64% 的权重，则乾坤两卦在《易经》六十四卦中所占的权重恰符合二八法则。

这个权重定律其实并不神秘，甚至可以说很浅易，但几乎所有的企业管理行为只有遵循此定律，管理方有效率可言。比如，企业营销中的“权重客户”、“权重漏斗”等，管理实践中通用的 ABC 分类法，即将目标、资源、客户、风险等，按照重要性的不同进行 ABC 的分类处理，都是权重定律的演绎。最近几年流行的 KPI 绩效考核，也是来源于权重定律，即将员工工作职责中的重要行为指标，测量和描述为可以清晰考核的量化表格，予以分析评价。股市自不必多说，关注焦点通常都在大盘蓝筹，而所谓蓝筹，即指赌场上的权重筹码，是最值钱的赌注。

"主要矛盾"的数量较少但权重较大，这是公众的社会常识，是最起码的哲学常识。中医药典中大约有八千多味中药，但日常所能见的，只不过是三百多种药物之间的排列组合。多年以前，大家都在学习毛主席著作的时候，就知道"主要矛盾"非常重要。所谓的"二八法则"，其实就是给权重定律提供了一些具体的实证统计数据而已。

在管理实践中，无论是社会管理、私人事务管理还是企业管理，抓主要矛盾，是提纲挈领的大企业家和事必躬亲的小企业主的本质区别。

我们研习《易经》，也要遵循权重定律，不一定要了解所有对《易经》的解读、阐述的著作，事实上也不可能做到。易学知识浩如烟海，据说历史上曾经有人四十年心无旁骛地专注于研究《易经》，才得以彻底解通本经六十四卦，但如此成功的案例，并不具备可复制性。

对于企业管理者来说，研习《易经》应当优先学习其入门知识、核心理念以及与今天的管理实践相关的哲学思想，之后，再以个人兴趣和时间安排之不同，进行深入而细致的研讨。

2. 其初难知与蝴蝶效应

乾卦是六个阳爻，整画的六爻，坤卦是六个阴爻，断画的六爻。但在阅读《易经》本经的时候，有一个问题我们必须知晓，就是《易经》卦爻的"书写顺序"。

每六爻为一卦，这六爻之中，最下面的是第一爻，《易经》称为初爻，最上面的是第六爻，这个顺序比较特殊，与我们平时从上而下的阅读习惯是截然相反的。

《易经》把阳爻称为九，阴爻称为六。在数字 1 到 10 的范围之内，9是单数里面的至尊，6处于偶数的中间位置，所以阳爻要至尊，阴爻要持中，这是《易经》的表述方式。于是，乾卦六爻中最下面的第一爻是阳爻，在《易经》中就表达成为“初九”。

《易经》的特殊性，首先在于卦爻的阅读顺序和符号表达方式，我们可以称之为“《易经》的窗户纸”，捅破了，一下子就豁然开朗，不了解就觉得神秘晦涩。

乾卦的第二爻还是阳爻，《易经》表达为“九二”。

第一爻是初九，先说位置再说阴阳，从第二爻开始，则是先说阴阳再说位置，即九在前，二在后，所以是九二。

同理，第三、四、五爻是阳爻，分别表述为九三、九四、九五。

乾卦的最后一爻，也就是最上面的一爻，叫“上九”，上是位置，九是阳爻。

最下面的第一爻和最上面的第六爻，《易经》认为都非常重要：“惧以终始，其要无咎。此之谓易之道也。”

这是因为，第一爻预示着事情刚刚发生，“其初难知”，初始条件会对未来产生巨大的影响，其效用会不断被放大，这就比如一位刚刚怀孕的母亲，孕期的前三个月是胎儿的“初爻”，此时母亲的些微不慎，比如得了感冒，或服用了西药，对胎儿的影响都比较大，甚至波及胎儿出生后的身体发育和智力发育。再比如，《三国志》中记载的赤壁之战，短期内的影响可能是三国鼎立局面的形成，但长远的影响，可能是四百多年整个华夏大地混乱的政治格局。所以，在事情刚刚发生的时候，我们必须谨慎。

从另一个角度看，第六爻表示事情发展到了顶峰，也许就快到“物极必反，阴阳转换”的时候了，因此，这是一个阴阳交替、吉凶难辨的位置。今日的社会百态，貌似美丽的，脆弱之极；貌似狂欢的，寂寞之极；貌似强悍的，自卑之极；貌似平淡的，伟大之极，极右的以“极左”的面貌出现，阴阳截然相反的两种性质，可能会呈现类似的表象，其间进退，微妙之极。所以，第六爻是我们必须审慎对待的位置。

如何读卦爻

阅读顺序是从下至上仿佛小麦成长的顺序。

6
5
4
3
2
1

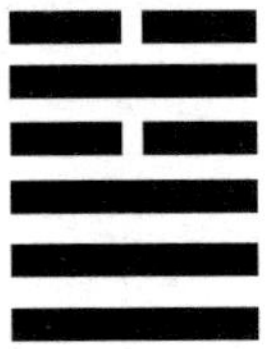

·阴称六、阳称九

6. 上六
5. 九五
4. 六四
3. 九三
2. 九二
1. 初九

惧以终始，因为重视“头尾”，所以在表述上，《易经》的每一卦在第一爻和最后一爻，都是先说位置，即“初”和“上”，再说阴阳，完整说来即初九、初六和上九、上六。其他四个位置，是先说阴阳，再说位置顺序，如九二、六三、九四、六五。

《易经》卦爻从下到上的书写顺序，虽然与我们今天通常的书写习惯相反，其实也并不奇怪，因为这是《易经》的一个极高明之处：书写顺序采用的是“大自然的顺序”。

这种顺序，其实就是小麦生长的顺序，由下至上，慢慢茁壮成长，最后吐穗结实。

在这个世界上，所有的事物，所有的产业，又有哪一个不是从萌芽到壮大，最后“得享天年”的呢？所以，《易经》非常重视萌芽阶段最初的选择，这是一个贯穿《易经》全书的理念，是《易经》的重要思想，即“其初难知，其上易知”。《易经》说：“圣人之所以极深而研几也，唯深也，故能通天下之志。唯几也，故能成天下之务。唯神也，故不疾而速，不行而至。”这“几”就是开始，就是“细”。

我们总是不太容易看清事物的开始阶段，所以分析事物的难度就会很大，需要特别谨慎小心，之后的阶段则因为前面的条件已经确定，所以相对比较容易推理出来。《易经》就此感慨“知几其为神乎”，即能够洞察事物开始的些微特征的人，真的很神奇啊！老子强调说“天下大事必作于细”，这“细”并非细节或局部，细者，微也，隐征也，当事物还在“隐征”状态的时候就能及时发现和处理，这是多么了不起的一种能力！

其初难知，所以，最初的通常很重要，这是一个普遍的道理。因为初期的条件会束缚今后事物的发展方向和可能的发展范围，发生的一点点问题可能随着成长而不断地发展壮大，甚至会导致不可收拾的后果出现。我们常说“当下的选择通常为上一个选择所决定”就是这个意思，比如我们当初选报了哪个大学，哪个专业，定居在哪个城市，工作之后进入了哪个行业，等等，都会严重束缚我们之后的选择。创业的企业家，能否洞察市场先机，明晰自身资源条件，其最初选择进入哪一个细分市场领域，企业最初占据了整个产业价值链的哪一个环节，都必须审慎而行。

管理学上有“蝴蝶效应”之说，说南美的一只蝴蝶振动翅膀，未来会引起亚洲的风暴，用来形容起初微小的变量，衍生出后来巨大的变化结果。这只蝴蝶的“其初难知”，乍一看觉得遥不可及，过于虚无缥缈，但对一个懂得观察、逻辑推理能力特别强的人来说，这道理却是千真万确。譬如许多中国企业在美国纳斯达克上市，表面上和我们没有关系，但也许因此影响了外汇融通以及流通领域内的货币供给，于是，可能会影响我们下个月的个人房贷支出。比如浙江的一家皮革厂，听说欧洲要全面采用欧元，便派业务员去欧洲了解欧元纸币的尺寸。当业务员发现欧元纸币比之前的德国马克、法国法郎等纸币要宽出一些的时候，便立刻将信息传回国内。企业马上调整设备，生产出符合欧元纸币尺寸的钱包。欧洲货币决策者的一个决定，就影响了中国一家皮革生产厂家的产品，这就是敏感的企业家对“当初那只蝴蝶”的捕捉。

除了“蝴蝶效应”之外，“其初难知”第二层的管理思想，就是经济学上的路径依赖原理。在某种程度上，路径依赖原理可以说是企业战略管理的绝学。

经济学家，确切地说是制度经济学家曾经提出，技术或制度的发展都存在“其初难知”的路径依赖现象，即最初做了一项选择，无论这个选择是好还是坏，后来的发展都不得不依赖这条路径一直走下去。

如果企业创业者的能力足够强，市场环境足够好，那么应当去寻找一个将要成为路径依赖的新兴产业。世界500强公司，几乎都是此原理的恪守者与奉行者。比如IBM开放技术标准，让大家一起来使用，就是在给市场提供标准。这个标准确立之后，整个市场就都会按照这个路径走。别人的技术标准也许不错，甚至更好，但IBM有路径依赖的先机，再加上兼容的厂家越多，诸多产品之间又越来越相互支撑、自我强化。如果消费者离开IBM的技术与产品，那么成本会非常高，所以，就越来越依赖IBM的路径标准。

【二】

乾卦自强不息：企业与企业家的成长历程

从管理学的角度来看，乾卦六爻体现了一个极其重要的原理，即企业生命周期原理。

企业生命周期理论是西方一些专家最近五十年的研究成果之一，是把社会学中社会组织的演进理论，引入管理学的领域，把企业视为一个“有机体”，或者称之为“企业公民”，于是，企业的成长就像一个人的成长一样。

假如我们把企业家或者职业经理人看做是一个个体企业的话，那么企业家的成长历程和企业的成长历程之间，也有类似相通的规律可循。这并非是胡乱的类比，而是科学的分析。个人也好、企业也好、非政府组织也好，都是一个单独的社会主体，都要维持自我存在、参加社会交往。而《易经》的大道相通和大道至简，就是从纷繁万象的各种社会主体的成长现象中，抽象、凝练、总结出来的一般性规律。

乾:《易经》第一卦

- 乾：元亨利贞。
- 初九，潜龙勿用。
- 九二，见龙在田，利见大人。
- 九三，君子终日乾乾，夕惕若厉，无咎。
- 九四，或跃在渊，无咎。
- 九五，飞龙在天，利见大人。
- 上九，亢龙，有悔。
- 用九，见群龙无首，吉。

演进主义

生命周期理论在乾卦中的体现，总体可概括为“天行健，君子以自强不息”。《乾卦·象》：“天行健，君子以自强不息。”这是“自强不息”一词最准确的出处。自强不息是我们非常熟悉的成语，代表着中华民族的进取精神。但自强不息在《易经》中的本意，却并不仅是我们从字面上所理解的“一直进取不停息”的意思，还包含着反思、警惕和谦逊的意思。

从管理学的角度来看，乾卦六爻分六个阶段阐述了企业和企业家成长历程的一般性规律，并就每个成长阶段的重要问题，作出了高屋建瓴的深刻提示。

乾：什么叫自强不息

·元亨利贞：创始，亨通，祥益，贞正。
1. 种子期：潜龙勿用
2. 初创期：见龙在田
3. 反思期：终日乾乾
（“没有经过反思的人生是不值得活的”）
4. 发展期：或跃在渊
5. 成熟期：飞龙在天
6. 反思期：亢龙有悔
（“觉今是而昨非”的归隐？盈不可久，不进则退）

乾卦的卦辞是这样说的：“乾，元亨利贞。”意思是说乾可以象征天，元是万物创始，亨是顺利成长，利是祥和有益，贞是正义坚固，这就是乾卦总的原则。

把乾卦六爻与企业管理结合起来，我们就可以把企业和企业家的成长历程分为初级阶段和高级阶段，初级阶段是第一、二、三爻，高级阶段是第四、五、六爻，每个阶段都是“两步加上一反思”，总计是“六步走战略”。

1. 潜龙勿用： 勿用不是没用

第一爻：初九，潜龙勿用

初九象征着事物演进的第一个阶段。个人成长也好，企业发展也好，在刚开始的时候，都属于“初九”，都应该是“潜龙勿用”。

潜龙是一条龙，而不是虫。对企业家而言，最初阶段的这条龙还潜伏在水里，没什么大作为，更不被公众所知，当然更没有被热炒。就像刚发表《企业的性质》的科斯（美国著名经济学家，荣获1991年诺贝尔经济学奖），一个本科毕业才四五年的乳臭小子，居然也出版经济学著作，当时基本上是没人理会他，更没有传媒的追捧；或者像还在中学和同学们一起下中国围棋的盖茨，喜欢电脑，但并不知道未来在哪里。

如果你是个职业经理人，刚进公司，即便你揣着“宇宙大学”的

MBA证书，刚开始也要“夹着尾巴做人”。这不是难听的话，而是客观的现实。所有的爷爷都是从当孙子的时候走过来的，即便是家族企业的接班人，刚进入公司的时候，也需要熟悉企业环境、熟悉行业环境、熟悉职务内容，绝不能一开始就“咋咋呼呼”，否则整个企业的前景堪忧。

对企业而言，这是企业的第一个阶段，我们称之为“种子期”或者“开办期”。创始人也许正在寻找合作者或者草拟股东协议，也许在做市场调查以检验自己的创意，处于“万事开头难”的创业阶段。即便是海尔这样的国际化大企业，刚开始的时候也是磨炼了许久。当初“潜龙勿用期”的海尔，张瑞敏还叮嘱员工不许在车间里大小便。总之，谁没年轻过呢？

种子期的企业需要很多积累，寻找资金或场地、发现客户、积累管理经验，等等，科技型的企业可能只有一张专利证书或者一份商业计划书，一切还都是“纸上谈兵”，总之，这是一个“潜龙勿用”的阶段。

勿用与没用

不过“潜龙勿用”绝对不是“潜龙没用”，这是不要和不能的区别。老子说“不敢为天下先”，这不敢也是一种选择，而不是没有能力。明明做不到，却安慰自己说不敢，这不是老子要表达的意思。

“潜龙勿用”时期的企业家、职业经理人或者种子企业，通过积极的努力和储备，肯定会有发展。“现在是伟大的，因为它有未来”。此时之“勿用”是厚积薄发之意，是志存高远的表现。

此时需要审慎选择，再加上创始人自身阅历通常还欠火候，于是应该充分积累，脚踏实地地工作。所以，《易经》说：“潜之为言也，隐而未见，行而未成，是以君子弗用。”

“用”字在中国古代文化中是一个非常重要的词汇，不仅仅是简单的“用处”的意思，更贴切的理解，应该像今天经济学上所说的效用。所以潜龙勿用的含义就是积累自己，等待机会，先不要着急出去发挥效用。

潜龙勿用，“君子藏器于身，待时而动”，这样的积累其实既是实力的积累，也是信心的积累，面对外部世界的炒作不停，不虚荣，不着急，相信积累终究是有生命厚度的。

2. 见龙在田：初创期的强人原理

第二爻：九二，见龙在田，利见大人

“初九”的积累之后，进入了人生的第二阶段：九二，见龙在田，利见大人。见龙在田，“田”的本意是指大地，这里可以理解为在田地上行云布雨。总之这是一个历练阶段，因为“田”肯定不是龙的理想，不是龙的战略，但“田”是龙获得锻炼与经验的好地方。

就管理者而言，在企业里，这时大约是部门经理或者班组长，这是由不同企业规模及产业特征的不同而决定的。但共性在于，这在企业管理层级中，是一个从初级管理者向中层管理者过渡的位置，除本人直接的工作内容之外，还要承担一些组织管理职能。

对企业而言，处于“见龙在田”阶段的企业可以称之为“初创期”企业。这时候的企业通常比较弱小，资源不多，客户有限，产品刚刚被市场接受，但还不稳定，销量也有限，总之，企业在困境中艰难前行。

不过，正因为“见龙在田”的企业比较弱小，其资产和业绩的基数都较小，所以，这时候的企业通常发展都很快，利润年递增50%不是什么奇迹。

“见龙在田”的企业，可能每天都有新的收获，就像一轮破晓的朝阳，每时每刻都在冉冉上升。

强人原理

这个时候，《易经》给了我们一个非常经典的提示，就是“利见大人”。

这个“大人”可以做宽泛的理解，尊贵的人、高尚的人、能力强的人，都是大人。“大人”并非一定指官老爷，“小人”也并非一定是贬义词，很多时候是指普通人、黎民百姓。

总之，遇到支持你的人，帮助你的人，提携你的人，或者辅佐你的人，有“好大哥、好助手、好员工、好合作伙伴”这些“大人”，是这个阶段企业和企业家成长的关键。

乾卦九二所说的“见龙在田，利见大人”，我们称之为“强人原理”，意思是对于一个企业家来讲，或者对于任何一个初涉职场的经理人来说，一定要尽量和比你强的人在一起！

和比你强的人在一起，观察他，学习他，模仿他，甚至追随他，每个人生阶段都要如此。当然，这需要克服自卑，因为开放的心态是进步的前提。

管理学理论认为，人只受两种因素的影响，一是遗传，二是环境。遗传我们无法选择，只好改变周围的环境。通常情况下，我们自己的“身价”就等于我们周围“圈子”的加权平均数，因为人是社会的人，每一个人既是他自己，也是群体中的一员，区别仅在于他有资格在哪一个群体中与人交往。

所以，尽量和强人在一起，当你比这个“大人”还要强的时候，就再去寻找更强的人，并对前一个“大人”抱有感激之心。因为没有他，没有和他在一起时你获得的那些学识和阅历，后一个更强的“大人”可能根本不会理睬你。

社会上的任何一个人，最后能达到的人生高度，是由此人在成长过程中所能遇到的“强人的强度”所决定的，这就是《易经》所体现出的“强人原理”。当一个上无片瓦的“北漂”成长为企业家、职业经理人或者专业技术人员时，当一个弱不禁风的微小企业发展成资产规模上亿的大企业时，回首当初“见龙在田”之时曾经帮助过他们的大哥大姐们，应该满怀感激之情，正是这些人的栽培、提携、言传身教，才使得他们能够取得现下这一点点可以称之为成就的东西。

3. 终日乾乾：成功就是少犯错

第三爻：九三，君子终日乾乾，夕惕若厉，无咎

九三，君子终日乾乾，夕惕若厉，无咎，意思是说，君子整天勤恳努力，即使在夜晚也保持着警惕，谨慎行事，就没有大的麻烦和危险。

经过第二阶段“见龙在田”的企业，会不会一直顺利发展下去？《易经》认为不会。在“见龙在田”阶段获得初步经验之后，管理者必须进行反思，企业才能进入高级阶段。

九三，对于企业家、经理人和企业来讲，都是一个极其重要的位置，此时的企业家，不需要成就感，而要进行反思和检讨！正如古希腊三杰之首苏格拉底所讲：没有经过反思的人生是不值得活的。

第三爻和第六爻分别是事物初级阶段和高级阶段的最后一爻，都提醒人们要警惕，能力越强胆子越小，这是一个逆水行舟、不能犯错的阶段。此时最深切的人生体会应当是：不思考不知道自己知识少，不做事不知道自己能力低。

乾卦的六爻，前三爻是事物发展的初级阶段，后三爻是事物发展

的高级阶段。第三爻即九三，正好是事物发展到了初级阶段的顶峰，这个阶段处理好了，就进入九四，即六爻中所表示的高级阶段，个人事业和企业发展都进入更高的层次。这个时候处理不好，个人一辈子可能就是以第三爻为人生至高点，企业也就到了七年之痒、曲终人散之际——据说中国的中小企业平均寿命确实不到七年。

危者安其位

有一种理论叫社会达尔文主义，把达尔文进化论中"物竞天择，适者生存"的道理映射到社会问题上来，认为社会发展也遵循类似的规律。这种理论，对于人来说，有些偏颇。因为社会有人文关怀，而不仅仅是"适者生存"。社会对于弱者，应当援助其生存，帮助其进步，而不是生硬刻板地将之淘汰掉。但此种理论的逻辑，对于企业而言，却是适用的。

《易经·系辞下》说："危者，安其位者也。"意思是说面临危险的人，都是过去安于其职位的人。反过来说，每天战战兢兢活在危机中的企业，反而是发展最快最好的企业，这也是比尔·盖茨所说的"微软离破产永远只有 18 个月"的意思。

处于九三阶段的企业，必须要反思自己、审视自己、检讨自己。这个时候既要终日乾乾，又要夕惕若厉，即努力工作，反思自己，时刻保持警醒，与时俱进，不犯错误，正如《易经·系辞下》所说："安而不忘危，存而不忘亡，治而不忘乱，是以身安而国家可保也。"

九三，对企业家而言，不再是年少轻狂、信心膨胀的阶段了。此前的职业规划，此后的社会定位，都需要重新审视一下。过于自爱，每天拿着微不足道的成就欺骗自己的人，此生至此足矣。从九三阶段能不能顺利地进展到九四阶段，是所有中层管理者最尴尬和最值得焦虑的问题。我们相信，大约有九成以上的职场中层管理者，穷其一生，也没有渡过九三反思期，更别说进入九四的高级阶段了。所以，这个阶段对所有的职场中层管理者来说，其实是最令人忐忑不安的，是不上不下、“不三不四”的位置。

对九三阶段的企业来说，不是订单就是一切的生存挣扎期了，而是已经有了比较平稳的市场份额。因此企业必须注重内部的管理。

在即将进入高级阶段之前，企业必须重新学习，这也是一种“终日乾乾”。企业在其初级与高级阶段，需要的管理知识差异甚大。生存挣扎告一段落的企业，必须扎实学习，为下阶段的成长做准备。其中最重要的问题是，企业家既往的切身管理经验，可能会蒙蔽他的双眼。

《易经·文言》中说：“乾因其时而惕，虽危无咎矣。”意思是说，保持警醒的、自我批评的态度，即便出现了危险我们都不怕。这句话体现了深刻的辩证法：敌人的警惕才是我们最大的敌人，同理，我们的警惕则是进步的法宝。

让我们“终日乾乾，与时偕行”吧。

成功就是少犯错

无咎是《易经》的重要思想。

任何人、任何企业，都不可能不犯错误，“你我皆凡人”而已。所以，《易经》对于无咎的定义就是“无咎者，善补过也”，敢于承认错误、纠正错误，不再重复错误，就很好了。或者，至少像有些企业家那样，口头上不肯承认自己犯了错误，死要面子，但内心还是知道警惕的，告诫自己要“补过”，这也算是无咎的另一种执行方式吧。

在“见龙在田”阶段，《易经》没有提到无咎，因为那个阶段可以犯错误，甚至错误犯得越早越好。如果错误出现在“见龙在田”期，则通过“九三终日乾乾”的阶段，很好地反省自己的过错，修正错误。孔子说得好："过而不改，是谓过矣。"错误来得比较早，通常后果的严重性就会降低一些，来得及补正。反之，因为缺乏反思和预防错误的练习与准备，一帆风顺、强壮无比的企业，也许会因壮年期的某一个偶然错误而"脑溢血"死亡，这也是企业和企业家成长中的一个类似性规律。所以，我们批判自己，并非是要否定自己，而是要活得更健康。

在《易经》中，多次提到"无咎"这个概念。《系辞下》："其道甚大，百物不废。惧以终始，其要无咎。此之谓易之道也。"谨慎对待事物，善始善终，这是一个很有意思的思维方式。对于很多事情，《易经》认为"无咎"就已经很好了，这意味着通常情况下，管理与其说是比成就、比成功，不如说是比较谁犯的错误更小、更少。

仔细想想，我们平时做事情，不管是企业管理还是参加高考，或者是踢足球、下象棋，多数情况下，其实比拼的就是谁犯的错误更少。所以，在足球场上，灵动机巧的人适合做前锋，去捕捉机会，捕捉不到可以下次再来，而沉稳厚重的人踢后卫，因为这样的人较少犯错，如果在足球比赛中，后卫总是犯错，那么这支球队就别想成为强队。

一个成功的企业家，回顾往昔的时候，其实都会庆幸自己在应该作出某种决策的时候作出了决策，而没有犯错误。用流行的话语表达，"无咎"就是在该做某事的时候做了，在不该做某事的时候没有做，即管理就是做对的事情，管理就是把事情做对。

这种无咎思想，在孙武那里，被进一步演绎为"胜可知而不可为"（《孙子兵法·形篇第四》），意思是胜利可以去筹划，但并不能完全实现。这是因为，你做得再好，你最多只能是不败，至于能否胜利，还要看敌人如何举动，看敌人是否犯错误。

对人生而言，对企业发展而言，我们自己能够去努力把握的，只是我们能控制的那些条件，即孙子所说的“先为不可胜”，自己不犯错误，以待敌之可胜。同理，孙子著名的格言“知己知彼，百战不殆”，经常被误解成“知己知彼，百战百胜”，其实这已经偏离了孙子的原意，因为你知道的信息再多，也并不一定获得胜利。

4. 或跃在渊：战战兢兢才能走得更远

第四爻：九四，或跃在渊，无咎

对于一个已有过积累和反思的人来说，现在需要的是什么？

是机遇。

所谓机遇，是指外部条件。“或”，就是机遇，只要有机遇，我们的龙就会跃到“渊”的层次。九三阶段的“无咎”，使企业做好了内部条件的储备，一旦外部条件完备，企业自然而然地就进入高级阶段。

“渊”当然也不是什么了不起的高度，不过比“田”确实高多了。这是乾卦的第四爻，是高级阶段的第一个位置。这非常重要，因为表示你起码已经进入高级阶段了，此处有你的座位。

对职业经理人来讲，此时应该是在企业里担任财务主管、业务总监或者副总经理等职务的时期。如果是在大型企业集团里任职，这个时期所担任的职务大约具有集团董事的资格，虽然资历尚浅，但至少和中层干部不在一个食堂吃饭，或者可以乘坐领导的专用电梯了。

对企业而言，步入高级阶段的企业，应该开始把视线转向更大的发展空间，比如IPO（Initial Public Offerings，首次公开发行股票或者说新股上市）。在管理架构上通常也不得不开始分权了，因为企业主的精力是有限的，管理力度也有限。

总之，此时的企业已经有了一定的江湖地位，不是“光脚不怕穿鞋”的搏命时期了，找别人代开发票之类的事情，企业不肯再做了。

而此时的企业管理，应以“无咎”为原则，做对的事情和把事情做对，不犯错误，或者及时纠正错误，企业就能顺利前行。

《易经》的这些思想，也可以拿到官场上去验证，“九四，或跃在渊”的阶段，对于官场人生来说，这大约是担任副局级或者副部级职务的位置——对地方官员来说，是否副局，完全不一样；对中央干部来说，是否升到副部，决定了其政治生涯的高度。

战战兢兢才能走得更远

《易经·系辞下》中有一句话，是所有“九四级别”的高管们必须深刻了解的，即“二多誉，四多惧”。

从管理学的角度看，这句话指出了“见龙在田”阶段的下级中层和“或跃在渊”的高管“初哥”之间的区别。“见龙在田”是乾卦的第二爻，“或跃在渊”是乾卦的第四爻。

第二爻和第四爻，爻位的位置都是偶数，即2和4，都处在阴数的位置。乾卦中的第二爻和第四爻分别是九二和九四，即在阴数的位置上出现的是阳爻，这是一种阴阳冲突，用《易经》的语言讲，叫不当位。

不当位，就肯定还会有变化，势能要转化为动能，就看时机和条件。但相对九二的下级中层而言，九四级别的高管压力更大，行动要更谨慎。

《易经》说：“二与四，同功而异位，其善不同。”两者地位表面上很类似，其实内涵和注意事项彻底不一样：“二多誉，四多惧，近也。”

在“见龙在田”阶段的中层管理者，反而容易得到赞誉，比如工人的领班，只要有上进的劲头，工作勤快，老板就会觉得不错，甚至经常鼓励他，拍着他的肩膀亲切地称赞几句。老板既然喜爱这个年轻人，所有的高管肯定也都附和着，拿出客气和鼓励的笑容，那么这个管理者离升迁也就不远了。

处于“或跃在渊”阶段的初级高管，日子可没这么好过，这正是一个“多惧”的时节，是一个多种利益交织的位置，由不得你不惧。惧就是怕，就是担心，就是战战兢兢，就该谨慎。老板对你的看法，同僚对你的戒心，工作上被人找到错误，过早地暴露个人野心，等等，都需要“惧”。

《易经》曰：“柔之为道，不利远者。其要无咎，其用柔中也。”

所谓远，是指距离高级位置比较远，2 离 5 或 6 比较远，4 离 5 或 6 就比较近。用管理学的话说，处于九二阶段的中层离老板还很远，必须冒头，有冲劲儿，才有被发现和赏识的机会，所以柔不适合年轻的底层干部，应该更上进一些，或者，至少学会装成拼命的样子，去表现自己，甚至为了保护老板的利益，适当地莽撞一下，效果也不错。

高管“初哥”通常都是“柔和用中”的，谁也不得罪，不冒头，但也不出错，因为只要不出错就不可能没成绩，正常上班就是你的工作成绩。假如你还能是“利益缓冲区”的话，那么就等着董事会的新任命吧。

5. 飞龙在天：人才总是稀缺的

第五爻：九五，飞龙在天，利见大人

这个阶段的龙的状态是最棒的。

皇帝就在这个位置，所以称之为九五之尊。

《象》曰：“飞龙在天，大人造也。”《文言》曰：“夫大人者，与天地合其德，与日月合其明，与四时合其序，与鬼神合其吉凶。先天而天弗违，后天而奉天时。”总之，把好话都快说尽了，可见此阶段龙的惬意人生。

“飞龙在天”的阶段，对于企业、企业家、经理人来说，是他们挥洒得意的时候，会有指点江山、激扬文字的感觉。

此时的企业或企业家，具有行业领袖的江湖地位，肯定做过一些战略并购之类的操作，即从产品市场向要素市场的扩张，通常还会按照管理读物的要求，做些多元化的投资。总之，无论是否上市，“飞龙在天”的企业，肯定是其所在细分市场时空范围之内的“大盘蓝筹”了。

如果在这个阶段，管理者有这种“君临天下”的感觉，那么就是错误的，或者说是要警惕的，《易经》提出的警告是，在“飞龙在天”阶段，要记得“利见大人”。

在“见龙在田”阶段的时候，《易经》说“利见大人”，是“大哥大姐、朋友、团队”的共同扶持，让我们受用终生，有好的合伙人共同奋斗，更是难得的人力资源。企业真的做大了，到了“飞龙在天”的境界，坐上了行业领袖的位子，我们又会深入骨髓地体会到，原来终究缺少的还是“人力资源”。

人才总是稀缺的

“利见大人”，这个时候对企业来说最稀缺的资源就是人才，或者用经济学的话讲叫管理要素。

这个阶段的企业不缺钱，不要说企业自己有钱，即便企业自身资金不足，愿意出钱与企业合作的组织、集团也多的是，比如银行。或者是企业再增发些股份，资金就融进来了。总之，只要能说清楚募集投向，资本可能就会“在门口跪了一地”求你呢。

在这个阶段，企业通常缺乏的是没有合适做事情的人才。

当初一起起家的兄弟，多数都是“功劳比能力大”，能谦逊些守江山就不错了；新来的空降兵总会有“溶血效应”，也不一定能和你利益一致；主要靠谄媚追求“进步”的那些手下，当然不是可用之才；确实德才兼备的，人家凭什么给你打工？总之，对一个在“飞龙在天”阶段的企业来说，在全世界开100个分公司并不困难，砸钱就可以了，但是能够派出100个可以信任而又独当一面的分公司负责人，则是闻所未闻。

于是，最有商业智慧的集团老板此时会坚持一个原则：再好的项目，再好的挣钱机会，只要没有合适的人手去操作、去执行，那么只有两个字——放弃。

对于企业来说，理解“大人”的含义，可以更宽泛一些，包括伴随企业一起成长起来的团队，也包括在背后支持企业和企业家的那些人。而对于“飞龙在天”的企业来说，支持企业的“大人”，是企业颠簸不倒、基业长青的重要砝码。

6. 亢龙有悔：归去来兮或凤凰涅槃

第六爻：上九，亢龙有悔

上九，乾卦的最后一爻，“亢龙有悔”是人生最高的位置，是高处不胜寒的位置。

九五是飞龙在天，是九五之尊皇帝的位置。皇帝为什么不在第六爻呢？因为皇帝认为那是留给天的位置，自己只是天子。皇帝也知道低调。

亢龙，指飞得很高很高的龙，老子说“物壮则老”，《易经》说“盈不可久”，这第六爻其实就是一个危险的位置，因为“随着它们的鼎盛之极，那也就向它们显示了无可避免的衰亡时刻”。

上九，也就是六九，位置是偶数，卦爻是阳数，这又是不当位的一爻，“贵而无位”，虽然显贵之极，但其实并不当位，因此必须随时警惕，所以《易经》告诫说“日中则昃，月盈则食”，太阳到了当顶就该开始西斜了，月亮到了满月就开始“下弦”了，此时必须“有悔”。

《易经·系辞上》：“亢之为言也，知进而不知退，知存而不知亡，知得而不知丧。”只知道进而没想到退，只知道永生万岁而没考虑危机，只知道不停地获取而不知道适当地放弃，这确实非常危险。不管是对人、对企业，或者对国家政府来说，进退、存亡、得失，都是一阴一阳的辩证范畴。

一个朋友开了家公司，起名叫“中天公司”，取“如日中天”的鼎盛之意。我劝他赶紧改名，因为这样的名字其实并不“吉利”。所谓“如日中天，盈不可久”，取名为中天公司，岂不是寓意着企业自成立之日起就开始走下坡路吗？相反，受《易经》文化影响，“花未全开月未圆”成为中国人最高的审美境界，不极端也成为国民性的一个典型特征。

《易经·文言》：“亢龙有悔，穷之灾也。”在《易经》的理念中，从来不走极端，没有“最好、最高”之类的话题。“反者道之动”，任何事物发展到极端，就有一种趋向，即朝相反方向的另一个极端移动。黑格尔说得好，任何事物都包含了对它自己的否定，就是这个道理。

所以，一切都是辩证的，都是阴阳对立互相转化的。乾卦的六爻表明了事物演进的过程，演进到第六爻的时候，事物已经到头了，即到了最高的位置，因此必须“有悔”，提醒我们要注意“物极必反”，不要得意忘形。

归去来兮

亢龙之悔，有两种境界。

第一种境界，是“悟以往之不谏，觉今是而昨非”，是归去来兮的退隐。

辉煌过了，张扬过了，喧嚣过了，所谓财富、成功、赞扬、羡慕，不过如此，归隐或者退到幕后是最好的选择。

成功到“亢龙”的地位，仍然能够不迷失自己的本心，做环境的主人，具有这种不为物役境界的人，极其稀缺。具有此种境界的人，自然会选择新的平实的生活方式，可以大象无形地隐于市，也可以把酒赏菊，定居南山脚下。比如回家种地的华盛顿，又有谁能够拥有他曾经的辉煌呢？

采菊东篱下，炒几个家常菜，打打马球，设立个基金，为公益事业捐赠。我们认为，人生的至高境界，就应该以公益事业为职业。要做到这一点，前提是要具备足够的生存能力，钱不是问题，也不存在没钱的问题。世人自然明白，凡是不为五斗米折腰的，通常都是家里有十斗米的人。

于是，当物质进项的快乐已经严重递减的时候，遂以人类的快乐为己任，主动为社会作出贡献，从而获得更大的个人满足。比如，我们在福布斯排行榜上，总也找不到洛克菲勒家族的身影，那么，这是说与现在的这些“财富后生”相比，这个家族已经没落了吗？当然不是！这个家族的财富曾经占到美国社会总财富的3%，曾经因家族企业标准石油公司的实力太强，而被称为“国家的敌人”，于是被美国最高法院裁决分解成了24个公司，这24个分解后的公司之一，就是今天的美孚石油公司。与百年前叱咤风云的财富传说相比，今天的洛克菲勒家族反而默默无闻，既不是年度财经人物，也不在任何排行榜的前茅，除非是在慈善基金和公益事业当中，才会找到他们的身影。

“归去来兮，田园将芜胡不归”，这是返璞归真之“悔”，是充满了对自我、对人文、对自然关怀的“亢龙有悔”。

凤凰涅槃

第二种境界，是涅槃之后的重生，是企业管理重组之后活力的回归。

上九虽然是“亢龙”，但企业发展到这个阶段，一般是不肯关门解散的。这时候的企业，也不仅仅是属于股东的了，而是属于社会财富的一部分。比如微软公司，股东赢利是一方面，更重要的是解决了许多美国中产阶层的就业，微软公司想要解散注销，即便股东会一致通过，美国政府也不会答应。

但处于“亢龙有悔”阶段的企业，组织的官僚化程度肯定很高，必定会耗散企业的活力，这样的企业会有很多负累，效率不会太高。这是一阴一阳的必然结果，得到一些就会丧失一些，老子说利弊相生就是这个道理。即使这样沉重的大象有时候也能装模作样地跳舞，但也只是笨拙的美丽，是幽默的舞蹈，大象终究不能跳出藏羚羊那样轻盈的舞姿。

处于“亢龙有悔”阶段的企业，能够获得新生的前提条件就是创新，就是扬弃以往的笨拙，迸发出新的活力。这是管理界从五十多年前就开始讨论的管理话题，流程再造、矩阵结构、组织层级，以及新兴的 ERP 手段，等等，其中的核心在于加快信息传递和降低官僚化的私人利益，并按照权重原理剥离次要工作内容，以减少组织资源的耗散。历史上，通用汽车和通用电气就此都做过艰辛的尝试，并赢得了凤凰涅槃般的重生。但我们也知道，很多“亢龙”阶段的企业，终究没有完成有“悔”的努力，所以，世界500强的排行榜每12年就会更换大约三分之一的企业。

“亢龙有悔”阶段之后，我们回头重温“天行健，君子以自强不息”，就可以体会到，真正的自强不息并不是猛干到底，愣头青一样地拼命，没有节奏，没有技术含量，这不是《易经》所提倡的自强不息。

真正的自强不息，是一个不断反思的进步过程，是一个善于和“大人”相处的成长过程，是一个不断警惕、不断创新的成长过程，这样的自强不息才是符合《易经》精神的，才是我们民族真正的传统。

7. 与时偕行：乾龙周期是一般性规律

乾卦的六爻，阐释了社会主体的周期性成长历程，也是企业或企业家奋斗的一般性规律。《系辞上》：“夫乾，其静也专，其动也直，是以大生焉。”这是一种大生之德。

乾龙周期的六阶段，仿佛就是一部活生生的适用于所有管理者的“自传提纲”。我们随便找一本人物传记来看，不管是财富人物还是历史名人，比如亨利·福特、比尔·盖茨、西奥多·罗斯福，等等，都好像只是“乾龙周期”的不同演绎版本而已，都有一个“积累—尝试—反思—机遇—成就—扬弃”的发展脉络。每个人的经历虽然不同，但这只是人物、事件、场景这些具体色相上的区别。每个人成长中的内在规律、发展脉络却是类似的，都被乾卦抽象凝练地总结出来了。古今中外，概莫能外。

不仅人物成长的轨迹如此，企业的发展史，也是照此乾龙提纲在演绎。乾卦六爻反映的是事物发展的一般规律，涵盖着多重社会现象，如职场个人的成长、企业家的成长，乃至企业的发展过程，都涵盖在这个普遍规律里面。这个规律中包含着一种哲学思想，也是社会学思想，就是不同事物的演进都有类似的规律可循，个人的成长、社团的演进，甚至资本主义生产方式的演进过程，都有类似的规律。柏拉图早就认为管理个人事务和管理企业事务有类似的规律，近代出现的组织生命周期理论也是这种古希腊思想的具体化。

所以，乾卦六爻所体现的生命周期理论，不仅限于个人或者社会组织（包括企业），甚至一个产品、一个市场、一种技术、一项事业，都有类似的周期性规律。其实本书在结构上，也是按照乾龙周期来安排的，体现了对《易经》思想的认知不断深入的过程。

乾卦阐述的事物周期性特征，是事物发展的一般性规律，是周延万物的，当然，这种周期性并非“一切清零”，而是盘旋上升的。

周期性的存在，是客观的自然现象和社会现象，经济生活中更是如此。比如，正是因为社会经济存在周期性的振荡，才产生了凯恩斯主义。再比如我们的改革开放事业，也是从积累尝试到反思进步的历程；市场经济演进过程，从联产承包到商品经济一直到今天的科学发展，也是在走不断进步、不断反思、不断演进的路子。

回顾历史，我们知道，当代任何一个生产力比较进步的经济体系，都是以当初血淋淋的原始积累作为其演进发展的必然阶段的。今天高喊社会责任的，在扬弃和反思之前，也许曾经突破过伦理底线，案例不用多举，比如，美国在南北战争时期反思了一次奴隶制度，罗斯福当政时期反思了一次宏观调控，接下来美国应该反思和谐社会问题了，现在靠着“体格好”，执行“经营地球”战略，把全人类的资源都往它这个食物链上端敛，可能下一步也要出问题。

所以，与时偕行，在正确的阶段做正确的事情，“是以自天佑之，吉无不利”，你的行为符合客观规律的要求，老天爷才会保佑你，此时之“天佑”，并非烧香祈求的恩赐，而是按客观规律办事的自然结果，在此意义上，《易经》才说：“黄帝、尧、舜垂衣裳而天下治，盖取诸乾坤。”

8. 大道相通：产品与技术周期

任何一个企业，不能期望它的某一种产品永远畅销，不能期望它的某一项技术永远领先，因为产品与技术的销售量和赢利能力，也要遵循乾龙周期原理。

初九，潜龙勿用。

新产品在投入市场之前，都需要经过“潜龙勿用”阶段的积累，产能设计和实施，市场调研和定价，渠道谈判和铺货，还有包装、广告、返款政策、税收筹划等。每一种产品的上市，都是十月怀胎分娩的结果，其中蕴含着管理人无数的心血和精力。

九二，见龙在田。

新上市的产品，绝对只是一个“见龙在田”的尝试，即便砸钱打出铺天盖地的广告，也并不意味着必然的成功。此时的管理者，其实如履薄冰，总是在及时捕捉市场的每一个反应。这个时候，直接面对消费者的是渠道铺面和一线的店员，必须有“利见大人”的效用，才会使新产品在市场上立足。

九三，终日乾乾。

立足于市场，通常不是企业的终极目标。为了产品日后的无限前景，管理者要“终日乾乾”地进行反思。所有的营销安排、定价、渠道、包装、广告、促销，都要根据市场需求来审视。这个时候，企业不能犯一点错误，否则这种产品就至此为止了。只有不断地反思改善，才能获得市场的认可。

九四，或跃在渊。

只要有机会，外部条件和内部条件相匹配，产品自然而然地“或跃在渊”，在细分市场上，应该有前三名的江湖地位了。与时偕行，别犯错，或者及时发现、承认和纠正错误，就能逐步地一统江湖。

九五，飞龙在天。

拥有市场领先的产品，具有名列前茅的市场份额和赢利能力，这是企业最风光的时刻。此时，企业的市场交易地位优势明显，即便面对“付全款才能提货”的交易条件，代理商还会蜂拥排队。

上九，亢龙有悔。

随着竞争的加剧、技术的升级，以及消费者边际效益递减的审美疲劳，产品在亢奋之极的同时，开始进入老化期。也许不久之后，产品会退隐江湖；也许经过涅槃般的扬弃，以技术升级产品、发展多元化产品或者更加细分市场的产品的方式出现，从而进入下一次生命循环。

产品生命如此，技术的周期性不再赘述，因为二者之间是大道相通的。

我们每一个人，都可以视为是一种产品，是劳动力市场、要素市场上的产品。出租劳动并因此获得收入，这是绝大多数社会成员的谋生手段。劳动产品的乾龙周期，又与前面讨论过的企业和企业家的成长历程基本一致，彼此之间类推类比，可以帮助我们体会《易经》大道相通的精髓。

企业管理，就是提高生产效率和降低交易成本的一系列行为的总称，管理在经济学意义上是一种重要的资源配置行为，在法学意义上则是为生产要素和市场提供秩序。每一个企业家或经理人，首先要了解的管理学原理，就是生命周期理论。这个理论涵盖企业、职场、产品、技术等诸多管理范畴，其中，人力资源周期、产品技术周期，都与我们的日常管理息息相关。对企业管理者而言，乾龙周期原理可以帮助我们安排职场规划和企业战略，其中，对产品技术周期特征的把握，是企业持续发展必备的常识。

对应企业所处的不同阶段，做出不同的决策和努力，是企业家战略管理的要义。“见龙在田”的时候，企业文化和争取订单，哪一个的权重更大？当然是争取订单。在不同阶段，做对的事情，并为下一次正确决策做准备，才是无咎的与时偕行。

企业家不但要知道自己的企业、产品、技术的演进路程，以及需要注意的事项，更要学习如何去观察市场的演进，洞察技术和产品的进步趋势。

9. 乾元用九：天下大治的管理理论

《易经》六十四卦中，有六十二卦的爻辞是六句，对应六爻，只有乾坤两卦的爻辞是七句，分别多了一个“用九”和“用六”，即“至阳的效用”和“至阴的效用”。

乾卦用九的爻辞是：“见群龙无首，吉。”

《易经》对这六个字评价非常高：“乾元用九，天下治也。”“乾元用九，乃见天则。”这是天下大治的自然法则，是《易经》最重要的思想之一。

这里的“群龙无首”一词，不是现代汉语中形容团队混乱的意思，不是说乱成一锅粥、没有领导者的意思，这样的词语在古代汉语中是有其本意的。这就像我们看古代小说中写某某状元金榜题名之后娶了某某小姐，我们不能就此遗憾地说：“挺好的读书人怎么娶了个夜总会的女子。”“小姐”在古代是很尊贵的一种称呼，仅次于“公主”，我们要按照当时的意思去理解才正确。

“群龙无首”的本意是说有很多龙，达到了“群龙”的程度，但群龙之中，却并没有一条龙强到足以做主人，做头领，换言之，大家都差不多，势力很均衡，所以才群龙无首。

垄断竞争市场的群龙无首

垄断竞争原理是讲市场结构问题的，即什么样的市场结构是最好的，是最有利于提高资源配置效率，为社会创造最大福利的。

按照一般的经济学理论，市场结构可以分为四种。

第一种，是垄断市场，即“独龙”市场。

垄断市场结构中，整个市场被一家企业全部占领，并且这种产品还很难被替代。比如电力、铁路，这些都是消费者不得不购买的产品，而这个产品的市场，就是某一家企业自己的天下。

> **用九：群龙并起的市场**
>
> 
>
> - “用九，见群龙无首，吉。”
> - 完全竞争市场没有龙。
> - 完全垄断市场没有群龙。
> - 寡头市场的龙也不够群。
> - 只有垄断竞争市场才是群龙并起的市场，才是均衡的、有效率的、真正增加社会福利的好的市场结构。
> - “天下治也”，“乃见天则”。

这样的市场结构，其局面可想而知，消费者处于极其弱势的地位，一切都要靠垄断企业的良心。面对歧视性的定价，消费者只能咬牙省一点开销，绝对没有讨价还价的余地。

第二种，是完全竞争市场，即“无龙市场”。

垄断市场结构是一种极端的结构，是最集中的，与之相反的另一种极端结构，则是完全竞争的市场结构，是最分散的。

完全竞争市场中，有很多个企业，但都是微小企业，没有一家企业有能力去左右市场价格，并且产品具备较大的替代性，总之，一切都不稳定。

这就好比大量的农村养殖户，或者城市里加工盒饭卖便当的个体企业，稍微一有风吹草动，比如原材料涨价，或者消费者偏好转移，都能对这些企业的生存造成致命的影响。在完全竞争市场中，每一个企业都不是龙，都很脆弱，需要有人站出来整合市场，从而降低风险，提高信用。

在垄断市场和完全竞争市场这两种极端之间，还存在两种状态，分别叫寡头市场和垄断竞争市场。

第三种，是寡头市场，即“有龙但不是群龙的市场”。

寡头市场是整个市场被几家企业所垄断的市场，比如当前中国的电信业，基本上被移动和联通、电信和网通等所垄断。

寡头市场比纯粹的独家垄断市场要好一些，因为寡头之间至少存在一些竞争。为了争取消费者，寡头也许会装模作样地做一些降价促销、提高服务的举动。当然，寡头也不傻，不会像纳什均衡案例中的那位囚徒一样，一下子把价格降低到合理的程度，舍弃本来可以得到的暴利。理性的选择应该是几个寡头之间心有灵犀的默契。

所以，对消费者来说，对社会资源有效配置来说，寡头市场只是对垄断市场的一点点改善，并不符合社会利益。

第四种，是垄断竞争市场，即群龙无首市场，这也是最重要的一种市场结构。

垄断竞争市场上存在着比较多的企业，比如十几家，甚至几十家，视不同产品的市场容量而有所不同。这些企业，每一个都很强，都很有实力，但没有一个企业特别强，强大到足以做主人，足以左右市场的发展和产品的价格。换言之，垄断竞争市场中，存在着激烈的竞争，是一种群龙并存的局面。

比如现在的家电市场，海尔、格力、海信、长虹、美的、创维，再加上外国品牌，差不多有三十强以上。这些企业都很强，但并没有哪一家是市场霸主。海尔是很火，但它并不敢说把美的、长虹、创维都统统拿下，大家还是要在竞争中生存。即便是世界500强的老大哥，比如西门子，在家电市场中，一样面临各种品牌的激烈竞争。

这时候，最开心的是我们消费者，拿着钞票，可以自由选择“把票投给谁”，我们的消费也能得到一定的保障。

从社会意义上来说，如此的市场格局中，每条龙都要在资源的精细利用上做文章，不敢托大或者浪费，于是社会资源也得到比较好的配置和利用。这种群龙并起的垄断竞争市场结构，可以说是市场天下大治的局面，这也是乾卦用九的本意。

中国的家电市场，其实就是一个乾龙成长的典型案例，从“见龙在田”阶段的黑白显像管的电视，到今天“飞龙在天”阶段的超过五十英寸的液晶彩电，终于达到了“群龙无首”的大治局面，这样的市场才是均衡的、最有效率的，是真正给社会提供好产品的，是最能增进社会福利的，总之，是最吉祥的。

但愿这样的群龙无首局面，可以被更多、更快地复制到其他产品和服务的市场领域中去，届时我们会蓦然觉悟：在群龙无首的市场竞争中，原来只有我们消费者才有资格做主人。

群龙并起乃见天则

虽然易学界对于究竟是伏羲氏还是轩辕氏创作了《易经》，一直存在着争议，目前的考古发现也还不能做出接近真相的说明，但以当代严肃的历史观去推理，我们应当明白，《易经》绝非是某位圣人的个人作品。

《易经》应当是中华民族整个群体的智慧结晶，是无数古人经历了无数年的观察与思考，归纳出来的人类智慧宝典，是集体的产物。其间，可能若干历史人物作出了编辑整理的重要贡献。

另一方面，考证此人具体是谁，不如充分学习、享受和应用其思想成果。通常我们吸取鸡蛋营养的时候，并不一定要按照条形码查找到究竟是哪一只鸡的功绩。

《易经》从起源、发展，到被圣人归纳成型的时期，正好是部落联盟时期。那时的人类社会，还未形成金字塔形的管理秩序，而是呈现了太极图的态势。换言之，群龙参差之间，势力大体均衡，即便部落联盟奉炎帝、黄帝等人为首领，其中协商谈判、利益共享的成分，自然多于行政命令的色彩。可以说炎黄二帝虽贵为“部落联盟总统”，但主要行使的是统一管理职能，不等于可以不尊重“各州”的利益主张。大概就因为这样的社会背景，《易经》不可思议地于距今5000年以前，就得出了群龙无首的共和秩序原理，这是一种法治理念。

垄断竞争市场格局的群龙并起，可以类推到普遍的人类社会，因为大道相通，总有类似性的规律可以去观察和提炼，何况政府提供社会管理这种公共产品的“市场规律”，本身就是制度经济学的研究领域。一个社会，若有龙且成群，呈现以中产阶层为主的“枣核形”结构，则比较利于实现均衡状态下的共和，实现一种法治的局面，这是自古希腊亚里士多德以来就不断被论述的命题。

社会存在结构分层，这是现实情况，无须口舌争论。在此前提下，假设中产阶层群体较大，即群龙且无首，则社会不容易走极端，既不要由寡头过多地操纵甚至压榨普通社会群体，也不要出现被压迫的底层群体心怀对社会的不满，用当前的话来说，就是比较容易达成和谐的局面。和谐不是整齐划一，和谐的前提，反而是承认差异，是在承认差异的前提下，市场均衡一些，企业稳定一些，这就是一种法治共和的社会局面。

和谐不是谁赏赐的，而是各企业彼此支持与牵制的结果，是各种力量均衡使然，所以，群龙并起乃见天则，这是《易经》提出的天下大治的论点。

企业内部也是一样。一个基业长青的大企业，肯定具有分权均衡的结构，是利益共享的企业。

如果企业文化就是老板文化，企业就是老板一人说了算，那么这样的企业肯定是充分集权的企业，一条龙独大。这样的“独龙企业”，或者不久将面临灭亡，或者就要改制涅槃，成为有效分权的企业，具有多种利益交织均衡的结构。

一个不能脱离“老大依附症”的企业肯定不敢说“吉”这个字，甚至可以说，是危机随时会爆发的企业。如果微软离不开比尔·盖茨，通用电气离不开杰克·韦尔奇，那么微软和通用电气就可以用“可怕”二字来形容，因为患了“老大依附症”的企业是不健康的、不理性的、不能持续发展的企业。

至刚至阳的乾卦，阐释了龙的成长过程，就是希望每一个炎黄子孙都自强不息，成长为真正意义上的“龙的传人”，形成一个广泛的中产阶层，一个稳定的市民社会。卢梭说得好，当每个人都有一些财富，但又没有人拥有的特别多的时候，是最符合社会利益的。

大道相通的是，我们可以回头看一看中国历史上相对孱弱的宋朝，二帝被掳而国家并没有垮掉，甚至大家都还在照章纳税，支持抗金，可见其时由文人为主的中产阶层之稳定成熟和强大。由此可知，企业高管的英明决策，必须以中层的执行质量为支撑保障，这样的企业才有成功可言。于是，企业培训、巩固中层管理者，是当今企业家最为关心的话题。

“乾元用九，天下治也”，让我们共同期待我们的社会和市场结构都是群龙并起的那一天吧。

【三】

坤卦厚德载物：管理的本质是服务

坤卦的卦德是“厚德载物坤马顺”，坤卦的“厚德载物”和乾卦的“自强不息”一样，都是中国人最熟悉的《易经》成语。

乾和坤的关系是《易经》中最典型的一阴一阳的关系，乾天坤地，至阳和至阴，进取与海涵具备，万物才能生息，事业才能发展。

坤卦卦辞是“元亨利牝马之贞”。这一卦辞和乾卦的“元亨利贞”非常近似，区别就在于坤卦的“贞”是“牝马之贞”，即怀孕的母马，是一种包容之象，是默默无闻的奉献之贞。

坤卦说“君子有攸往，先迷后得，主利”，君子心中有努力的目标，贸然争先就会迷失，谨慎退后就会有收获。坤之本相，在于包容，奉献，有这样甘为人后默默努力的君子，当然会“主利”了，所以《象》曰：“地势坤，君子以厚德载物。”

1. 履霜坚冰至：艰苦的准备

坤卦第一爻：“初六：履霜坚冰至。”意思是说，人踏着寒霜，可判断冰天雪地的冬天就要来了，比喻人事的吉凶都是逐渐发展而来的。

履霜而预判坚冰将至，这是“知几其为神乎”的境界。

根据一些微小的变化、一些征兆，就推断将来可能发生的事情，对管理者来说，这是极高明的管理素质，也是《易经》一再强调的“其初难知”。

预判能力，或者叫洞察演进的能力，属于管理者的人格力量。我们常说，一个企业的成功，其实就是管理者人格力量的成功，其核心要义是管理决策才是一切成功的前提。某种程度上，这种预判能力，就是《易经》所谓的占卜。《易经》的占卜，并非拈一枝梅花、撒几个铜钱，装模作样地糊弄人，而是深刻理解了《易经》思想之后思维境界的提升。所以自荀子开始，中国主流文化一贯恪守的占卜理念就是“善易者不占”，这是正襟危坐的《易经》研究者与四处行骗的江湖术士之间的一个最显著区别。

既然预判到坚冰将至，自然不会放任不管，自然就会筹划应对的方略，并且有对待寒冷艰辛的心理准备。

初六，这是企业刚刚起步的时候，这是管理者刚开始辅佐企业的时候，此时的管理者居然能有如此的智慧和品性，实在是企业的大幸。

2. 直方大：德才之间的另类选择

坤卦第二爻：“六二，直方大，不习无不利。”意思是即便没有出类拔萃的专业知识，但只要人品正直端方也是好的。

通常我们认为，如果以德和才两个维度去衡量一个员工的话，在企业的发展期，“才能指数”比较重要，能切实帮助企业赢利、成长，获得订单，而在企业的成熟期，人的“德性指数”就比较重要，有利于维护企业的稳定、协调各种利益冲突，也就是有利于守江山。

但《易经》与我们通常的这种观点有所不同。在六二阶段，在企业“见龙在田”的发展期，《易经》仍然强调辅佐者和管理者“直方大”的品性。乍一看，觉得有些不合时宜，此时是企业的“订单为王”期，为什么德性反而是重要的考虑指标呢？

这是因为辅佐者将一直与企业同发展共存亡，在此前提下，宁肯牺牲一些效率，也要保证共处的基础，所以仍然强调品性优先。在现实的管理实践中，我们也知道，那些在企业发展期因为“获得订单的出众能力”而被领导非常重视的“才高德少”的骨干，通常很难在企业里呆得很长。所以对多数企业而言，仅仅“才能”突出的营销总监永远不是老板的心腹之人，而只是“利用工具”。

《易经》并非只是看到了眼前的利益，而是既看现下、更谋未来的利益，这是《易经》时空观的要义。所谓管理以现实成就为评价标准，其实是短视的眼界，因为也许当前的成功，恰恰是不久后消亡的原因，这是《易经》对当代管理者的哲学启发。

所以，六二之际，仍然是“直方大”为善。

3. 无成有终：看重过程还是结果

坤卦第三爻：“六三，含章可贞，或从王事，无成有终。”

“含章”是一个褒义的词汇，“章”是优秀美好的意思，是指一种高尚的人格，而“含章”的意思更是深得国人的喜爱，表示一个人并不招摇显摆，而是非常低调，却蕴含着美好的内涵，或者还没有完全被发掘出来，预示着他前途无量。

“含章可贞”，几个简单的汉字，仿佛给我们描绘出一个深刻洞察却又淡定从容、谦逊勤勉的辅佐者的形象，这才是真正优秀的企业家，是我们民族精神的传承者。

“成”与“终”的关系，相当于今天管理界常讨论的结果和过程，易言之，管理究竟是应当看重过程还是看重结果。

其实，历史是亘古延续无尽无终的，企业主体和管理行为都处于历史的长河之中，以今日为参照系，可能会有结果的出现，以连续性的眼光来看待，其实所有的结果都只不过是一个过程。短视的企业家，通常比较看重结果，并且不喜欢检讨自己在其中应担负的责任。历史的公平性在于，这样的企业，通常都是失败的企业，因为他们的管理者首先缺乏对过程的尊重，当然并无结果可言。

这就仿佛中国队走上了足球场，比赛哨音刚响，球员就拼命地去想："一定要保平争胜。"思维敏捷的人，已在考虑胜利之后奖金如何分配了，或者如何安排庆典。这样看重结果的比赛，其结果可想而知。

真正的球员，应当看重比赛过程，每一脚球的处理，每一次跑位穿插，每一次抢断破坏，都要尽心尽力去做好，此时的眼中只应该有球而已，比赛结果如何，且不去想它。

人的一生亦如是，凯恩斯说："从长期看，我们都属于死亡。"所以，活好当下，关注过程，是人生的唯一选择。企业管理者只要能与时偕行地把过程处理好，避免错误，就已经是非常优秀的职业经理人了。

更何况，今日所取得的令人骄傲的成就，也许是将来无奈的宿命，今日举杯相庆结果的成功，于多年之前或多年之后的参照来看，或者不可思议，或者愚昧至极。

企业的雇员也是一样，只需要对过程负责，恪尽职守地完成过程中必须做的事情，结果如何，与其无关。因为结果的出现，有过多不可控的外界因素影响，其中一些因素，企业主也控制不了，凭什么要求雇员负责？员工只要肯专注于过程，对时间负责，就足以对得起薪水，就是敬业的本意，外部因素造成的不成功，不是管理者指责员工的理由。

4. 括囊：君子慎其独也

坤卦第四爻："六四，括囊，无咎无誉。"

守紧口袋，没有错误，没有赞誉。

“含章可贞”之后，辅佐者进入高级阶段，企业也寻找到机遇，迈进“或跃在渊”的阶段了。

表面上看起来，《易经》的意见显得有些保守。此时辅佐者作为管理人，没有错误，没有赞誉，令人感觉木讷之极。但仔细体会，这是一种大音希声、大象无形的境界，是“牝马之贞”的包容。

四爻的位置，对于管理者而言，到了“或跃在渊”的阶段，已经是集团董事或企业高管，此时的谨慎和低调是绝对深刻的提示。

所谓“四多惧”，辅佐者更是如此，这不一定仅仅是为了个人得失的考虑，更是为了企业利益的选择，在此惧怕表象的背后，可能隐含着更多的艰辛和责任感。

六三没有提示括囊，六五也没有，《易经》对于每一爻、每一阶段的提示，都是当前阶段最重要的问题。成功都是积累的结果，都是小胜累计成大胜，都是从开局一步一步不犯错误，成就最后的胜局的。刚刚进入高级阶段的企业，警惕之心必然下降，企业家被个人成就熏得飘飘然，就好像一举打下了北京城的李闯王。

此时的括囊，是一种符号，代表着戒骄戒躁的团队理念，代表着踏踏实实去面对更大挑战的准备，代表着要去争取更大管理成就的选择，仿佛正在从西柏坡走向北京的党的第一代领导核心团队。

从潜龙勿用、履霜坚冰至的时候就开始辅佐企业的人，到了此时仍然能够谦虚谨慎，括囊，并且不求赞誉，无所谓功劳，戒骄戒躁，小心翼翼，谨慎对待错误，这样的辅佐者，其为圣人乎？

5. 黄裳：荣耀都是积累的结果

坤卦第五爻：“六五，黄裳，元吉。”

乾卦的第五爻是“九五，飞龙在天”，坤卦第五爻自然也是“黄马褂加身”，这是理所应当的事情，即使不求赞誉，这吉祥的衣服也应该属于企业辅佐者。

因为荣誉和赞誉，都不是求得的，不是施舍的，不是包装的，而是之前若干行为积累的结果，这是坤卦的成就。

元吉，指非常吉祥，可见此阶段的尊荣。

但尊贵之极的同时，管理者也即将进入一个最危险的时刻，马上要面对的，是一种天地阴阳的剧烈冲突。

6. 龙战于野：客进主位的危险时刻

坤卦第六爻：“上六，龙战于野，其血玄黄。”

坤卦第六爻是一个非常重要的位置，我们在论述乾卦的时候，乾卦的“上九，亢龙有悔”就是一个要命的位置。

坤卦发展到第六爻，已经很强了，强得就要发生变化了，可能马上会变化。在这个时候，乾坤的主客关系就是最核心最关键的问题了。因为阴阳要转化，客也许要进主位，此时必须十分慎重。

坤德：管理的本质是服务

- 元亨利牝马之贞。元亨利贞，坤是包容之象，具有辅佐功能，象曰：地势坤，君子以厚德载物。
- 初六，履霜坚冰至。有对待寒冷的心理准备。
- 六二，直方大，不习无不利。没有优秀的专业知识，只要正直端方也是好的。
- 六三，含章可贞，或从王事，无成有终。蕴含美好的内涵，有机会辅佐君王，即使没有成就，一样要有始有终。
- 六四，括囊，无咎无誉。守紧口袋，即使没有赞誉，但可免遭灾祸。
- 六五，黄裳，元吉。也是一种成就。
- 上六，龙战于野，其血玄黄。

乾坤——主客关系，是自然界和社会中都普遍存在的关系，如总经理与副总经理之间的关系，董事会与总经理之间的关系，都是一种主客关系。企业主注册成立了企业，企业主和企业也是主客关系；企业与客户之间的关系也是主客关系，所以买家才叫“客户”。政府要对整个社会负责，政府与社会之间，也是一种主客关系。

坤卦一开始就提示过我们，“先迷后得”，争先就会迷失，谦让才能有所得。所以，凡是存在主客关系，或者说乾坤关系、阴阳关系的地方，都要注意坤卦“上六”的提示。如果主客相争、客进主位的话，就会出现“龙战于野，其血玄黄”的不利局面。

7. 用六：主客关系是对立统一的

“上九”和“上六”之时的主客关系，是乾坤之间的对立统一，也就是《易经》阐述的否泰关系，这是《易经》的思想精髓之一。

根据《易经》的论述，我们可以得出这样的结论：乾坤主客的关系是对立统一的。所谓对立统一，对立比较好理解，主客、阴阳截然不同，所以才有乾坤两卦，卦德也正好是一主一客。但这个主客关系是相对的，而不是绝对的。

比如一位副总经理，从整个企业管理层级秩序的角度来看，副总经理就要辅助总经理的工作，那么这位副总经理相对总经理来说就是坤、就是客了；但以该副总经理的工作职责范围为参照系，其助手、部门经理等人又要辅助他的工作，那么他就是这个坐标系里的乾，是主。如果

乾坤的主客关系

- 坤卦之上六：龙战于野，其血玄黄。
- “后其身而身先，外其身而身存。非以其无私邪？故能成其私。”（《道德经》）
- “先事后得，非崇德与？”（《论语·颜渊篇》）

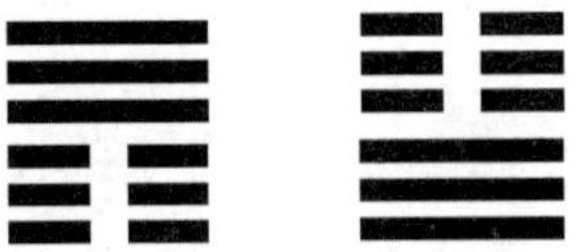

否　　泰

我们考察这位副总经理辅佐总经理的过程，他就比较契合坤卦六爻的发展过程。如果我们仅仅考察这位副总经理本人的成长历程，那么他就是一个自强不息的乾龙的案例。

由此可知，即使同样一个主体，在不同的参照系中，主客关系也是不同的。我们考察自己的工作、分析事情的发展，都需要从乾坤两个角度去思考，这是“一阴一阳之谓道”的原理。两维思维是最基本的管理智慧。

在某一个参照系中，当需要考虑主客关系的时候，第一个问题，也是最重要的，就是要考虑主和客谁优先的问题，或者说谁在上，谁在下的问题。

【四】

否极泰来的管理原理

否泰是《易经》中非常重要的两卦，成语“否极泰来”就来源于这两卦。但究竟什么是否，什么是泰，怎样才是否极泰来？人们对这些知识往往缺乏了解。其实，这个成语的内涵极其重要，蕴含着的“否泰管理原理”，对企业管理者而言，更是具有指导意义。

否泰两卦都是由八卦中的乾坤两卦组成的，其中否卦是乾上坤下，泰卦是乾下坤上，乾坤的上下位置刚好相反，互相颠倒。

1. 否泰原理的第一定律——以客为上

如果我们可以区分出主客关系，那么是主在上好呢，还是客在上为好?

《易经》认为,乾上坤下,也就是主在上、客在下,为否;反之,乾下坤上,也就是主在下、客在上,为泰。

这一观点应该对企业管理者大有启发,也就是说,企业家把企业放在自己之上,企业把客户放在自己之上,人力资源管理部门把人才放在自己之上,则为泰、为好、为吉祥;反之,则不好、为否。

《易经》所体现出的这种“主客上下”的辩证关系,是企业管理的核心要领,我们可称之为否泰原理的第一定律,管理者必须深刻理解,企业才能生存。

比如,你是一家大企业的老板,曾经被评选为年度财富人物。那么你是如何管理企业的呢?我们认为作为一位优秀的企业家,必须以企业利益为上,以企业发展的客观规律为指导,按捺自以为是的意识和意见,甚至暂时放弃个人利益,“生而不有,为而不恃”地向企业奉献自己的管理才华,只有这样,才能把企业管好,企业也才能祥泰顺利。

如果你颐指气使,觉得自己是老板,很了不起,“普天之下莫非王土”,企业是你的财产,“朕即国家”,一切以你的意志为准,将个人私利、个人的自我表现置于企业之上,不遵照企业发展的规律、不遵守企业管理的秩序,那么“国将不国”也就指日可待了。

一个唯老板为上的企业,结果肯定是“否”的,注定要灭亡。所以老子说:“受国之垢,是谓社稷主;受国不祥,是谓天下王。”先企业后个人,甚至有企业无个人,“铁肩担道义”,才是优秀的企业家。电视剧《雍正王朝》中有一句台词:“想要天下就不能有自己。”就是道家“无为管理”的境界之一。如果企业文化就等于老板文化,如果老板可以肆意地左右甚至扭曲企业的法人行为,那么这样的企业必将关门大吉。

推而演之，假设我们现在要做一个项目，那么该如何去安排呢？首先我们必须以项目的利益为上，关注项目发展的客观规律，关注合作方或者客户的利益，只有这样，项目才有可能成功，这就是《论语·颜渊篇》中所说的“先事后得，非崇德与”，意思是说，首先付出劳动，然后收获，这就是提高品德的一种途径。如果我们先考虑自己的私利，时刻计较自己的得失，以自己的利益为上，那么事业是不可能获得成功的。

否卦中这种以自己为上的态度，不一定就是自己得到了多少金钱上的报酬，也包括个人意志、个人臆断、个人其他目的实现等，比如展现虚荣心，凌驾于自身利益和事物发展规律之上。

企业家的管理行为，不是为了满足其个人的主观臆想，也不是要实现其私人的自爱之心，而首先是为了企业的成长，为了企业整体的进步，因此必须先把股东、企业家、管理者的个人私利放到企业发展成长这个“公利”的后面，这就叫“后其身而身先，外其身而身存”，惟其如此，企业家才能做到“非以其无私邪？故能成其私”的境界。

管理的本质是服务，所以，凡是想做管理者的，必须明白“先天下之忧而忧”的道理，这是管理的“天命之谓性”。

真正合格的管理者，都是以企业利益、客户利益、员工利益为上，以事物客观需求、客观规律为上的，名为“管理”，其实是“服务”，辅佐企业的发展，向企业奉献自己的管理才华，谨慎对待和及时修正错误，履行自己的管理辅佐使命。

营销对销售的颠覆

否卦为乾上坤下，泰卦为坤上乾下，即相同爻位的卦画，都是截然相反的，是颠覆的。这种颠覆性，也体现在营销和销售的区别上。

主客结构:执行、营销

当前所谓的“营销”，与传统的“销售”不同，“营销”的核心在于以需求为导向，即主客关系倒置，主在下，客在上。

传统的销售，只是生产产品之后的一个流程，生产产品的时候，是埋头进行，之后的销售，只能在已经产出的产品基础上，想办法多卖出一些。今日之社会，此种“以我为上”的传统销售理念，只适合某些具备垄断优势的行业，比如铁路、电信等。以强势垄断为基础，消费者没得选择，替代产品不存在，企业生产出来的产品根本不怕卖不掉。

在竞争激烈的市场领域，对于不具有垄断地位的企业来说，这样埋头于生产，无异于“花钱自杀”，因此企业管理者必须具有“营销”理念，以顾客需求为上，企业方可生存。

企业营销，必然是先去发现和了解市场需求，然后根据市场需求，再来设计产品，组织生产，这是资源配置的要诀。更高的营销手段，会去引领和制造市场需求，再设计与生产出产品去“满足需要”，“顺其自然地无为而治”，总之，企业绝不敢托大，不敢埋头作业，不敢以自己为上。

今天的市场多数是竞争性的，所以，奉行“以客为上”营销理念的企业较多。这种“泰卦”局面的出现，在微观上，能保证企业产品的销量和资金回笼；在宏观上，能实现社会资源的更好配置。这是“销售”与“营销”之间的区别，也就是否泰两卦主客关系的区别。

传统企业的管理层级，是从上至下的，老板高高在上，企业结构是金字塔形。但直接接触客户的，通常却是塔底的基层员工。常言说得好，老板怎么对待员工，员工就怎么对待客户。因此，管理比较先进的企业，统统举起“人本管理”的大旗，将金字塔倒置，以“保障一线员工工作顺利”为企业管理的根本出发点，老板、财务人员、人力资源管理人员等，均是一线工作人员的支持者、辅佐者。

行业不同，产品不同，但此否泰原理，永远大道相通。譬如刊物对读者、讲师对学员，一律是以客户需要为上，客户认知习惯为上。只有这样，产品和服务才能行得通，而不是你喜欢写什么就写什么，你喜欢讲什么就讲什么。积极的引导加正确的方法，最终目的还是为客户服务。简单地说，永远“客在上”，就是吉祥的。

大道相通：精细生产和亲子教育

否泰第一定律，就是《易经》管理哲学的营销原理。也就是说，企业家将企业置于自己之上，以企业的利益为准，依照企业发展规律的客观需要，去进行管理和制定决策，才能形成“泰好”的格局。我们执行一项任务，或者说完成一个项目管理，也必须是以客观规律及需要为上，如果我们将自己拍脑门的意志悍然执行，那么将从“泰”变“否”。

否泰原理的核心要义，就是不能把自己的主观意志加诸于客观规律和客观需要之上。此否泰原理深刻地贯穿于企业管理的各个环节、各个方面。

比如，恪守营销理念，以至于显得有些刻板的，就是日本的汽车企业。日本汽车商设计出一种新款的汽车，通常并不主动进行批量生产，最多只是做出一些样车，其主要精力却是先去做营销工作，即先要获得客户的认可。等到客户订单下达之后，企业才开始动工生产。

而客户则要在等待一定的制造周期之后，才能拿到车。简言之，企业只为业已成交的订单进行生产。这表明了销售部门以市场为营销客体，生产车间则以销售部门为营销客体，都坚持了以客为上的营销理念。

坚持这种营销理念，对企业来说就是祥泰的，但我们之所以说日本汽车企业略显刻板，是因为汽车市场竞争极其激烈，而日本汽车制造企业让客户必须等待一定的制造周期，那么可能会流失很多着急使用汽车的客户。对此问题的弥补方案有二：一是事先加强深入的市场调查和分析，适当地生产一些虽无订单但肯定能卖出去的产品；二是在容量较大的市场，比如北京、上海等地，出现了由经销商作为买家的订单，经销商直接承担市场风险，甚至经销商买断某一款产品的地区经销权。类似变化，均属营销理念的升级。因为在产业链中，经销商就是生产商的客户，更接近市场的终端消费者。企业以经销商为上，满足其需要，支持其判断，仍然是企业否泰营销法则的体现。

但日本汽车企业的营销理念，绝不仅仅是就销售环节而言的，推而广之，企业车间里生产线上的每一个流程，都是根据下一个流程的需要，方才运作的，并计算好时间，以保证满足下面流程的需要。如此，则企业的整个流程之中，都不存在原料的浪费和时间的耽搁问题。生产环境自然也是为生产服务的，流程中一旦发现问题，从一线工人开始，就主动寻找原因和解决办法。一线工人之上的管理者和管理部门，一律履行支持职责。于是，整个企业的“工作链”上都呈现出一种“以客为上”、“以市场为导向”的态势。

总之，企业管理中的每一个环节，一律根据否泰原理来处理，即任何一个工序，必须以其服务对象为导向，根据下一个环节的生产情况和原料需要，来安排本环节的工作。如此形成了所谓“零库存”管理、“精细生产”的管理方式，以精致的生产组织，换来了极高的生产效率。

处理企业与市场的关系，以及企业内部各部门之间的关系，如果管理者均能贯彻否泰原理，则企业总体效率不可同日而语。但前提是企业家要有哲学境界，明白否泰原理的内涵，明白管理中的一般性规律。

精细生产和亲子教育，表面不相干，但在《易经》否泰原理的观照下，却是大道相通的：生产以客为上，亲子教育也必须是“主在客之下”。

父母是孩子的监护人，其实也就是管理人，则父母为主，为天，孩子为客，为地，这是自然的血脉关系。那么，亲子教育，应以谁为上呢？

在中国，合格的为人父母者，其实极为罕见，常见的反而是两种典型的愚昧的父母。

第一种，是拿孩子做工具，企图实现自己目标或达成自己心愿的父母，比如有人说：“我这一辈子就没有做成某事，所以一定要让孩子做成。”怀有这种心态的父母应扪心自问：你征询过孩子的意见吗？你没完成的这件事真的会使孩子幸福快乐吗？适合孩子吗？如果这三个问题的答案都是肯定的，那么这样的父母就算是脱离了愚昧父母的行列。

第二种，父母并没有学习过教育知识，也不了解人生成长的科学规律，而是以想当然的方式，把种种学习任务强加于孩子身上，比如练习音乐、学习美术，等等，美其名曰不输在起跑线上。

以孩子利益为上，以孩子的客观认知规律、客观成长需要为上，这样的亲子教育才是健康的。以父母利益为上，以父母虚荣或自卑为上，以父母臆断或愚昧为上，这样的孩子所承担的负累实在太重了。

“生而不有”，孩子是父母生育的，但不等于孩子是父母的财产。确切地说，孩子是属于社会的，是属于他自己的。管理的本质是服务，父母教育孩子的成长，其实就是父母在辅佐孩子的成长，因为重要的是“孩子的成长”。

2. 否泰原理的第二定律——上下沟通

否泰第一定律，说的是乾坤的上下位置，这是《易经》思想中的“空间意识”，但上下之间，必然还有相互关系的问题应当讨论，因为位置、关系和比例，是资源的空间三要素。

否泰两卦，在静态上，是主客关系谁上谁下的问题，这是否泰第一定律论述的命题。而否泰第二定律则是从动态上对乾坤两卦的卦象进行阐释，即解释乾坤之间的关系，以及变化趋势中蕴含的哲学道理。

天在上，地在下，因为天本来就是在上面的，地本来就是在下面的，所以，天地各自照顾自己，天地之间缺乏交融，更不会有相遇的机会。

地在上，天在下，天是阳、是乾，本来应该在上，如果现在在下，它就有向上的趋势，而地是阴，是坤，本来应该在下，如果现在在上，它就有向下的趋势。天有向上的趋势，地有向下的趋势，天地之间，就能相遇，就能沟通，就泰。《易经》说：“天地交而万物通也，上下交而其志同也。”这就是否泰原理的第二定律。

所以，是否是泰、是好是坏、是吉是凶，《易经》认为，关键还是靠沟通。

故宫后院的“三大殿”，乾清宫、坤宁宫，再加上二者中间的交泰殿，这种格局的设计就是取自《易经》中的“乾坤交泰”思想，要义就在于沟通。

虽然缺乏实证的数据统计，但我们仍然相信，企业管理中所出现的问题，至少一半以上是缺少沟通的缘故。因为管理的本质是一种社会交往，是人的一种社会行为。而在社会交往中，沟通理论是核心的命题。如果我们把管理所带来的成就的一半，都归因于有效沟通，相信很少有人会反对这个结论。因为处理人与物的关系，可以依靠科技，但处理人与人的关系，只能依赖沟通、制度和法律，并且以沟通为先。

回顾中国历史，如果按照朝代寿命作为“管理成功”标准的话，相信秦始皇绝对不会进入“TOP 10”。但如果以对民族贡献的大小为标准，对封建帝王来排行的话，我们力推秦始皇为榜首，理由就是秦始皇解决了中华民族的沟通问题。

秦始皇为中华民族解决沟通问题，采用的是“书同文”的方式。以当时的历史条件来说，这是最好也是最有效的选择。口音不同没有关系，只要各村都有一个识字的人，中央的政令通知就能传达下去，为全国各层级的人所知，这是管理实践的经典案例。某种程度上，我们认为，正是因为秦始皇做出的“书同文”的改革，解决了沟通问题，才使中华民族大家庭得以形成。

《圣经》“通天塔”的故事，也是在讲沟通，意思是说人类不同语言的出现，造成了世上无数的隔阂和不理解，导致通天塔最终无法成功修建。但语言不同，只是缺乏沟通的障碍之一，并非不可逾越，比如可以找翻译公司。所以，首要的是大家彼此之间要有沟通的愿望、动机和趋势。

否泰第一定律，可以帮助我们判断一个企业经营的是好是坏，判断管理者的水平，否泰第二定律也是如此。按照权重定律，如果企业的各个方面都符合这两个原理，则企业的效率不可能是低效的、落后的。

天地交泰，在于沟通。企业应该在第一时间获取客户的需要、意见，这是阴阳交泰的 CRM（Custormer Relation Management，客户关系管理）。相反，管理层永远高高在上，让基层员工觉得遥不可及，或者父母高高在上，颐指气使地以其个人臆断“摆弄”孩子，这都是“否”式行为。

3. 否泰原理的第三定律——内阳外阴

《易经》每一卦的前三爻，也就是下面的三爻，是表示事物发展的初级阶段，《易经》也称之为内卦；上面的三爻，表示事物发展的高级阶段，为外卦。也就是说，从初爻到上爻，表明事物从初级向高级发展，是一个从内向外的发展过程。

考察否泰两卦，乾坤主客的上下位置、乾坤天地的上下沟通，这是卦象在空间结构上的特征；从初爻到上爻，从初级到高级，从内部到外部，这是卦象在时间维度上的特征。《易经》的每一卦，都应该从空间和时间两个维度去学习和考察，这就是《易经》的时空观。

否卦是坤在下、乾在上，即内卦是坤，外卦是乾。

泰卦是乾在下、坤在上，即内卦是乾，外卦是坤。

否泰原理第三定律体现的是事物的内外分别。《易经》认为，内乾外坤，即内阳外阴、内刚外柔，内实外虚，就是好的，是祥泰的；相反，内坤外乾，即内阴外阳、内虚外实，是不好的，是否的。

否泰第三定律所阐释的这种事物特征，首先是人性的特征，也是自然人和“企业人”大道相通的人格品性特征。

表面阳光内心龌龊

一个人如果表面上非常高尚，外在表现非常阳光，每天都在向社会宣传，我们要有高尚的情操，要在物欲横流的尘世里保持一颗平静安宁的心，其内心却阴暗虚荣，于私利斤斤计较，甚至不惜以阳光外表骗取世人的信任，作为谋取个人不当利益的手段。这样外阳内阴的人，是最需要提防的危险人物。

那些内外俱阴的人，可以称为是真小人，至少算是坦荡，并且大家对其有警惕之心，会主动地防御他，其危害性其实并不大。唯有貌似阳光实则阴暗的这种“否卦”人物，因其外表的阳光伪装效果，反而是戕害社会的魍魉。

所以，理性地讲，网络其实比现实更真实。这是因为我们在网络上看到的信息，首先都会抱着怀疑的态度，有防御性的心理准备，反而不会轻易受伤。现实中发生的事情却经常被我们认为是真实的，因此现实中的虚伪事情伤害我们的机会就更大。所以，从理论上，我们也可以说，大学教师比普通商人更具备行骗的成功条件。

同理，表面上企业经营得很好，业绩和股价都非常高，甚至频繁当选为年度优秀企业，内部却是靠粉饰账目撑腰，这样外阳内阴的企业，恐怕通常是到股市上来打劫的强盗。

所以，我们要根据否泰原理，善于从阴阳表里的不同症状，去判断一个人或一个企业，再予以臧否，最起码不能为其表面之“阳”所迷惑。

从另一个角度，我们自身为人，或者经营企业，要做到内阳外阴，内方外圆。应对外界环境，我们可能不得不使用若干策略、技巧，这是社会现实使然，但外在行为表现为“机巧”的同时，我们内心仍然要有“贞正”的原则和判断，不能以“机巧的技术问题”而改变应有的阳刚内核。

总之，随时随地，我们都应有成年人特有的处事方式，和一颗永葆纯正的赤子之心，这样才是正常成熟的人性，外可以阴柔，内一定要阳刚，不失其所。

企业经营亦如是，守本用术，不可颠倒。

谦逊与坚韧

每一个成功的人，包括成功的企业家，可能会有很多不同的性格和爱好，可能都有不同的经历和特长。但所有成功的人，肯定拥有两项品质，即谦逊和坚韧，这是否泰第三定律在人格特征中的体现。

国外曾经有研究机构做过类似的调查，研究的样本包括上个世纪数百位成功的企业家，研究的目的在于，企图揭示这些优秀人士身上是否存在近似的人格特点，研究的成果是两个词汇，即谦虚和毅力。

一个成功的企业家，不一定有着出众的技术才能，也不一定有着过人的管理技巧，但他一定是一个谦逊的人。唯其谦逊，他才能在职业生涯中不断进步；唯其谦逊，他才能真正地与人合作。小事情的成功，也许可以依靠一时的技巧和小聪明，而成就大事业，一定是人格力量的成果，是外界对你人格的信任和肯定的结果，这也就是我们常说的“小胜靠智，大胜靠德”。“不思考不知道自己知识少，不做事不知道自己能力小”，意思是对问题不作认真的思考，就不会感觉知识的欠缺；不认真去做事，就不知道能力的不足。给自己设定的目标比较容易达到，自然也就容易产生成就感。一个真正成功的人，反而时刻清醒地知道自己的缺点和不足，知道进退臧否的尺度，知道在造化弄人之间，如何去计算和安排每一个动作，在略有进展之际，对支持自己的若干人物，深怀感恩之心。

所以，判断一个人是否成功，最简单最直接的标准，就是看他是否谦逊。数十亿元身价的董事长，仍然可以听得进去别人的意见；旗下已经有若干上市公司的大老板，仍然会客气地给女秘书开车门……这些都是了不起的人物。其所图谋甚大，绝对没有以眼下的事情为满足，因此还有无限的上升空间。

一个成功的人，观察他的外在行为，应当是一个谦逊的人，然而深入他的内心世界，就会发现他一定是一个坚韧的人。因为这世上所有成功的背后，都蕴含无数的波折。毕竟，无常是人生的常态，所谓成功，均属机缘巧合而已，而若干机缘之所以得以巧合而成，是以成功者的坚韧不拔为必要前提的。

内阳外阴，内圣外王，内坚韧外谦逊，内刚强外柔和，都是《易经》思想对我们的重要启发，无论对企业发展、个人事业推进来说，都具有一定的思想指导意义。

4. 否泰原理的第四定律——对方立场

对方立场是法律界经常使用的一个词汇。比如一个律师要出庭辩护，必须提前准备证据和法庭辩论的提纲。这时候，如果他只是考虑自己准备的材料，思考自己的观点和论证，那么基本上必输无疑。他必须换位站到对方的角度去，充分反驳和批判自己既有的证据和论证，然后再回过头来，从自己的立场重新否定对方。案情本身千变万化，但是成功的思维都是类似的，对方立场就是一种最基本的法律技术。

> **商业智慧——对方立场**
>
> ·我们期望的晚餐并非来自屠夫、酿酒师和面包师的恩惠，而是来自于他们对自身利益的关切；我们不是向他们乞求仁慈，而是诉诸他们的自利心；我们从来不向他们谈论自己的需要，而只是谈论对他们的好处。
>
> ·我们渴望的销售收入并非来自消费者的恩惠，而是来自于他们对自身利益的关切。

这种一阴一阳、彼此之间的对方立场，也是最基本的一种管理思维方式，尤其是管理者在决策的时候，必须遵循这一思考方式。

古典经济学的鼻祖是亚当·斯密，他在经济学开山之作《国富论》中曾经深刻地指出："我们期望的晚餐并非来自屠夫、酿酒师和面包师的恩惠，而是来自于他们对自身利益的关切；我们不是向他们乞求仁慈，而是诉诸他们的自利心；我们从来不向他们谈论自己的需要，而只是谈论对他们的好处。"

站在对方的立场思考问题，是企业管理的法宝之一，是企业安身立命于市场的根本原因之一。我们可以将此"对方立场定律"置于各项管理事务中。所有存在彼此关系的地方，或者说存在博弈关系的地方，"对方立场定律"都是制胜的法宝。

对方立场

"错综复杂"这一成语来源于《易经》，其中"错综"是《易经》卦变的重要方式。就否泰两卦而言，从第一爻到第六爻，都是阴阳相反，这是"错"，即否泰两卦之间是一种彻底的对立，对应的爻位阴阳都是截然不同的。从另一个角度来说，假设把泰卦卦象摆在一个桌面上，以这一个角度去看，是一个泰卦，而从对面的角度来看，却是一个否卦。换言之，同样一件事情，站在不同的立场去看，一方认为是否，另一方认为是泰。这种换个立场看问题的方式，即《易经》所称的"综"。

我们平时常说的所谓综合意见，其本质含义就是既有正方观点，也有反方观点，归纳在一起，才是综合的观点。换句话说，想归纳出综合意见，其中就必须包含对方立场的意见。

聪敏的读者其实此时可以发现，所谓对方立场，实际上和我们之前研习过的否泰原理第一定律也是密切相关的。否泰原理第一定律中提出以对方也就是客为上，自然我们应该"移形换位"地置身其中，体验对方立场，从对方角度看问题，关注对方的感受。

广义的市场概念，是指商品交换关系和契约关系的总和，契约是合意的结果，是契约双方平等互利的结果。在市场中，我们个人和企业的存在意义，就是我们在多大程度上能够满足别人的需要。我们评价苹果的效用一般是从自己的角度出发的，但苹果并不是生来要给我们吃的，苹果树并非为人类而存在的。因此要吃到美味的苹果，人们就必须尊重苹果树自身成长的规律。同理，企业在市场竞争中，要首先满足客户的需求，才能得到自己想要的结果。

所以，关注对方的感受，习惯于从对方的立场考虑问题，这样的思维方式无论是在伦理上还是在市场上都是获胜的法宝之一。庭审辩论，两军作战，足球比赛，棋牌博弈，都是如此。孔子说：“己所不欲，勿施于人。”耶稣说：“所以无论何事，你们愿意人怎样对待你们，你们也要怎么待人；因为这就是律法和先知的道理。”这些都是伟大先哲对我们的谆谆教导，同样，这样的教导运用到企业管理中来，依然起着不可忽视的作用。因为“任何人如果不同时为了自己的某种需要和为了这种需要的器官而做事，他就什么也不能做”。所以，关注别人的感受，你就离成功不远了。

如何留住人才

我们经常听到一些企业家的慨叹，说企业留住人才如何如何难。窃以为，这实在是一种无聊的慨叹，因为慨叹者通常并不反思自己。

留住客户，其实也很难，但通常企业愿意为之付出努力，支付成本。留住人才，其实比留住客户相对要容易一些，但企业通常并不肯付出努力，支付成本。如此而已。

比卦强调“有孚则比”，即表明有诚信，才有团队合作可言，才能留住人才。

诚信的定义，其实并非是不能说谎。苏格拉底曾经讨论过，战争中欺骗敌人，或者医生不忍心把真实病情告诉病人，这些都不违反诚信原则。所谓诚信，其本质定义是：尊重他人利益，以对待自己事务的态度去对待别人的事务。也即是我们常说的“将心比心”，孔子所说的“己所不欲，勿施于人”，《圣经·新约》中所说的“你想别人怎样待你，你就怎样待别人”。

法律上的诚实信用，儒家的忠恕之道，其实就是我们讨论过的“一阴一阳之谓道”的对方立场。企业家此时可以扪心自问，是否曾经“以对待自己事务的态度，对待人才的事务”？所以，留住人才，其实并不难，只要企业给人才足够的好处，权衡趋利避害之后，人才自然会留下来。在今天的商业社会中，尤其是物质增长呈现几何级数上升，而智力资源尚在积累中的情境下，想“低成本留住人才”，确实很难。

当然，对于不同人才，或者企业的不同情况，“人才成本”或曰“人才价格”的组成结构会有所不同。通常而言，必然是经济利益、心理效用和发展空间这三大项的排列组合。以经济收入为基础，和睦的企业气氛和应有的承认与尊重，再加上人力资本与企业价值的共同增殖，足以构成挽留人才的现实条件。

【五】

炎黄子孙的乾坤之志

坤卦最后的总结性发言是：“用六，利永贞。”意思是有利于永久坚守贞正。此处“利永贞”这三个字，看似简单，其实内涵非常深刻。作为企业总经理的副手，作为时代领袖，作为孩子的父母，要做到这三个字所表达的内涵，却是极其艰辛的事情，必须时刻保持着自我反思的警醒。

乾、坤、否、泰四卦的卦象和爻辞，论述了《易经》的核心思想。其中，乾坤两卦是讲“大乾坤”，是六爻全卦的乾卦和坤卦以及之间的关系；否泰两卦，是讲“小乾坤”，是三爻基本卦的乾卦和坤卦之间的关系，但大小乾坤的核心，都是阐释乾坤之间对立统一的辩证关系。四卦辩证统一，自强不息的乾，又必须以厚德载物的坤为上，即自强不息是以厚德载物为上的，才是泰的，反之则否。

乾坤之志

- 帝、尧、舜垂衣裳而天下治，盖取诸乾坤。
- 自强不息乾龙健——象曰：天行健，君子以自强不息。
- 厚德载物坤马顺——象曰：地势坤，君子以厚德载物。

乾坤关系是《易经》中最重要的内容，在一定程度上说，《易经》思想的本体论就是乾坤关系。从形而上的角度来看，成就事物的规律和条件，可以定义为乾，是先天的，是客观但主动的；依照规律去促成条件的成就来看，可以定义为坤，是后天的，是主观而被动的。如此先后则是从“道”到“德”的过程，开门关门之间，往来不穷，对立统一，三生万物。

乾、坤、否、泰四卦蕴含了很多哲学思想，对于当代管理者有着重要的启发意义，这是中华民族老祖先留给人类的文化财富，千古之下，仍让人感慨不已。

乾坤之间的对立统一，其实也是我们从不同的角度对乾坤两卦哲学思想的理解。一个企业家的个人奋斗过程就是企业家辅佐企业成长

的过程，一个时代领袖的自我成长过程就是领袖对时代贡献的过程，二者虽然不同，但同时存在且互为依据。

对乾坤的研习和感悟，可以提升我们的人格素质。每一个炎黄子孙，其实都应该秉承乾坤两卦倡导的理念，从个人角度来说，自强不息，奋斗成长；从个人与社会之间的关系来说，要厚德载物，奉献自己的全部才华。这种对立统一的天地道德，是我们中华民族生生不息的伟大力量！

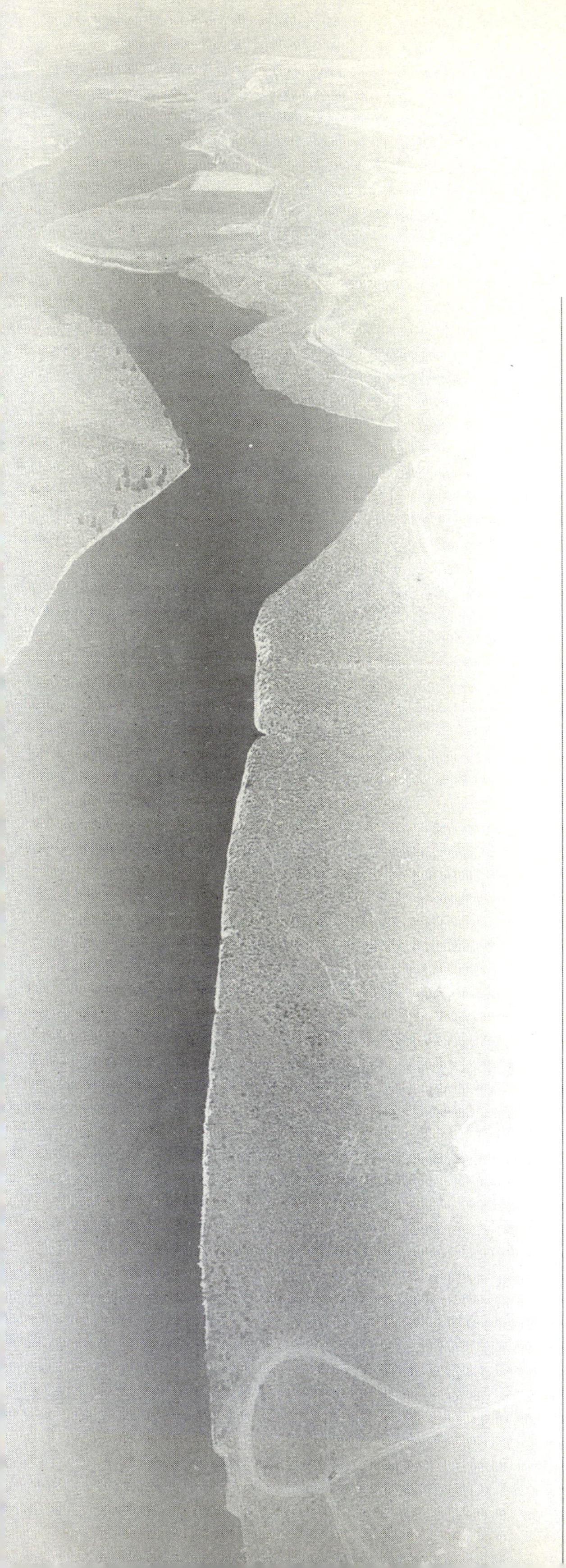

第三章 《易经》哲学范式下的管理方法

本章我们主要研习《易经》思想的理论结构与管理实践的关系，以及《易经》符号和八卦卦象推演的过程，这其中涉及一些比较“晦涩”的知识点，需要读者认真阅读。

【一】
《易经》的哲学范式

《易经》有一个突出的特点，就是有系统完整的理论体系，形成了稳定清晰的哲学范式，这是《易经》在学术思想方面的成熟体现。环顾当时的人类社会，《易经》的思想高度和表述技术，都是不世出的伟大成就。

所谓理论体系、哲学范式，意即理论的推导，以及作品的篇章顺序和结构安排，都是成体系的，是系统性的。这就好像我们常见的警衔或者军衔，主要由星星和横杠两种元素组成，但星星和横杠这两种元素绝非杂乱无章地排列，而是有规矩、有逻辑结构的，是通过星与杠的排列组合，标识出一种管理秩序。这种用一星一杠标识出来的管理层次结构，是一种系统性的安排，是部队管理的重要内容。

“星杠”是军衔的两个字母

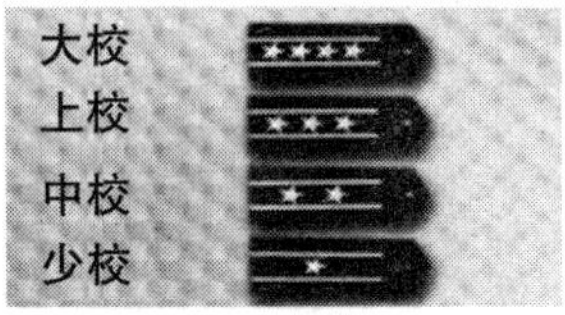

“一星一杠明秩序”

思想家阐述自己的观点时也是如此。在一个理论体系之中，思想家首先要对宇宙和人生有一个总体的宏观概括，然后就此提出几个观点，再由这几个观点，论述推演出衍生的定理。并且，所有的观点之间都必须有清晰的相互联系与合理的推理过程，如此，则形成该思想理论的哲学范式。除《易经》之外，东方的古典思想著作，多数是散文或叙事体例的，对理论进行系统归纳的很少，其中《道德经》和《心经》有较为明确的哲学范式，但仍不如《易经》的理论范式清晰鲜明。

西方哲学起源于古希腊时期，而康德和黑格尔完成了古典哲学集大成的总结。所谓集大成者，其突出特征，就是形成了非常严谨系统的哲学范式。此时的哲学理论体系，通常都是按照一个演绎结构推展开来的，比如康德的纯粹理性—实践理性—判断力三个批判体系，黑格尔的正—反—合命题体系。

西方古典哲学演进的历史，其本身就是很好的《易经》乾龙周期案例：自浪漫的希腊肇始，中间经过罗马的盘整和经院时代的反思，终于在严谨认真的德国告一段落。在康德和黑格尔完成哲学的集大成之后，西方哲学经过了涅槃扬弃，以人本主义和自由主义的面目出现，而到当代，随着自由主义的极盛，新古典主义又重新去关注那些千年前被古典哲人阐释过的永恒命题。

在西方哲学发展脉络中，很多先哲恋恋不舍的就是对于哲学范式的执著，其中，“其初难知”的经典人物，应当是人类历史上第一位百科全书式的哲学家，即亚里士多德，他是一位归纳和构建理论体系的高手。在亚里士多德那里，全部人类知识就分为两种：一种是物理学，即研究客观存在的学问；一种是后物理学，或者叫哲学，是关于宇宙和人类的基本思考。这个基调确定之后，千载以下，依然如此，只是今天表述为自然科学和社会科学。

总之，范式就是理论的结构秩序，是理论高度成熟的显现。范式由理论而生，又反过来帮助理论的丰富和发展，也指导我们的现实生活。

对企业家和职业经理人而言，“初哥马仔”之时，可以埋头工作，见山是山，见水是水；随着管理职责不断增加，工作越来越复杂，就必须逐渐从各种各样的具体事务和个别经验中，提炼出自己管理思维的范式结构，知道山水如何相连，山从何处来，水向何处去，从而培养出管理者特有的人格魅力。

《易经》的哲学范式，在宏观上可以分为三大部分：其一是《易经》的理论核心，即一阴一阳之谓道；其二是《易经》基本理论的推演结构，即“太极生两仪，两仪生四象，四象生八卦”，这是范式核心；其三是《易经》理论经世致用的演绎结构，即八八六十四卦的卦德和卦序。

通常一个成熟的学科，都会形成一个理论范式结构，比如物理学、化学、社会学，等等，都有自己的理论范式。无论学科研究内容如何不同，其学科特征都是有几个核心的公理或定理，并由此若干定理推演出整个学科的知识结构，从而形成一个比较稳定的网络化的知识体系。这个知识体系，就是学科的哲学范式结构，学科中的具体知识，会不断地丰富发展，或者淘汰，或者升级。而有一个相对稳定的体系结构，却是所有成熟学科的典型特征。

1. 《易经》的语言：文字和符号

《易经》的全部内容是由文字和符号组成的。

《易经》的文字部分就是古代汉语，并不复杂。中国文化的一个巨大特点，就是一脉传承了五千年的文字和语法，到今天还很容易读懂。语法自不必说，具有初中文化水平，就可以读先秦时期的很多文章，包括《论语》、《道德经》；即使汉字字形，自有汉时期的隶书开始，到今天也并没有面目全非的变化，足见中华文明的连绵性。

《易经》本经部分的卦辞和爻辞，其文字抽象精炼，读起来略微生涩一些，如“元亨利贞”等，含义比较深奥。不过，卦辞和爻辞的文字数量都不多，翻来覆去也只是那么几十个字，所以，掌握了这几十个字的含义，也就能够顺利阅读《易经》了。

《易传》部分的文字非常平易通俗，具有中等文化程度的读者可以比较好地理解字面意思，比如“天尊地卑，乾坤定矣”，“穷则变，变则通”，“善不积不足以成名，恶不积不足以灭身”，这些句子都能直接读懂，和唐宋散文差不多。当然，文字只是载体，其所蕴含的思想意境，则是另外一码事。字面意思理解了，不等于可以理解其中的含义，就好像英文水平很好，也不一定能准确解释“I am that I am”这样很平易的英文语句。

《易经》的符号部分，也就是我们常见的八卦卦画。这些阴阳符号，跟汉语不同，相当于是一种外语，所以必须弄清楚这些符号是怎么回事，才能正式地了解《易经》。

把看到的、想到的东西转化为符号去表达，这是人类特有的抽象能力，是人之所以为人的本质特征。比如，汉语中把“日”和“月”放到一起，表达“光明”的意思，把代表祭祀旗帜的“示”和代表男性生殖器的“且”放在一起，表示“祖先”的意思，这并非是自然界固有内容的照搬，而是增加了人类自身的创造。

《易经》的“语法”

- 阴阳两个“字母”，每画为一爻。
- 阴阳配对会出现四种情况，即四象。
- 三爻变化会出现八个卦象，即八卦。
- 两个八卦相叠即六爻为《易经》的一卦。
- 《易经》总计有六十四卦。

坎

表述者所要表达的内容，必须转化为符号，才能传达给受众，而受众对该符号的理解，可能会与表述者要表达的内容有所不同，这就出现了歧义。因为符号涵盖的范围与人们理解的范围出现了偏差，所以我们看到纳西族的文字才觉得很有趣。

:)

一个冒号加上一个右括号，熟悉网络语言或者会使用手机短信的人，应当知道这个符号代表“微笑”，而不知道网络语言或不使用手机短信的人，看到这个符号则会一头雾水。

《易经》的卦爻符号也是这个道理，符号的色相并不复杂，就是断断续续的一阴一阳。这些符号最初就是代表男女，乾坤阴阳，而由两性类比推演，则可以用来描述有阳光和无阳光的不同，于是可以去描述地理位置，因为采光不好，所以山的北侧为阴；因为是日照充足，所以山的南侧为阳。当然，这是以北半球而言。再推演，水边的位置，水北侧为阳，南岸为阴。所以故宫的南面有金水河，北面有景山，皇帝都在“阳位”，可以“南面而治”。

但事情并不是这么简单的，卦爻符号的涵盖性极强，阳爻可以表示山之南，还表示男性、强劲、力量、增长，等等，阴爻则有对应相反的含义。

再进一步说，不同的阴阳卦爻在《易经》每一卦的六爻中，寓意更是丰富无比，每爻都代表着不同的意思，相当于涵盖若干内容的一个全息缩影载体，可能代表沉稳、过失、等待、计划、收获，也可能代表隐忍、怀疑、谦逊、诚恳，等等。

汉字本来就简洁，同样字号同样字数，汉字包含的信息量肯定要多于拼音文字，所以在各种不同语言的作品中，汉语版本的作品肯定是最薄的。古代汉语就更简洁，《春秋》记录了二百四十多年的历史，才两万多字，不及今天普通畅销书的十分之一。但《易经》的这些卦爻，又是简之又简，所以，一般人很难理解其中的内涵。

2. 名可名：从符号到本质到定义

我的名字叫穆晓军，所以，穆晓军这三个字代表着我，身份证上还有一个居民编号。但是，这三个汉字的排列组合真的能够代表我吗，真的能够把我的面貌、性格、气质都表达出来吗？当然不能。

语言是我们的思维工具，这种符号，是人以自己的思维能力从自然界中抽象总结出来的东西。用语言去表达事物的本质，可能不全面、不准确，可能压根就是错误的。并且，表达得再好，如果理解错了，仍然偏离了事物的本质，这就是符号与本质之间的差别。

语言既是人类思维的工具，也是人类思维的障碍，此间阴阳转换，微妙之极。所以，“应无所住而生其心”，才有了六祖慧能的觉悟。

老子深谙“命名的难度”，他知道无论怎么定义，无论怎么表述，都难以把事物的本质描绘得准确、清晰、全面，所以老子悲哀地说“名可名，非常名”，他在讨论“道”时自觉地承认：“吾不知其名，强字之曰道。”“道”这种东西，没有字眼去表述和定义，它是先天的、普世的，要靠自己去体会、去感悟。所以老子只是勉强给它一个代号曰“道”，却不能界定其内涵和外延。

如果我们现在画一个符号，比如“{|} — {|}”，想用这个符号表达“开车还是稳当点好”的意思。5 万年后有人挖掘文物看到这个符号，再来解读，解读的结果可能和我们的本意差不多，也可能区别甚远。

《易经》的那些阴阳卦爻也是这个道理，每个卦爻都代表不同的意思。卦辞是对这一卦总的解释，即“中心思想”，爻辞就是对每一爻的细致分析和阐述，每一爻代表什么、预示着什么、应该注意什么，都在爻辞中体现出来。

同样的一个阳爻，在不同的卦里，或者在不同的爻位，蕴含的意思也不相同。这就好像我的代表符号是“穆晓军”，经常在北京出没，则“穆晓军”这个符号与其定义的我本人之间可以关联；但北京之外，也许也有一个人名叫“穆晓军”，则“穆晓军”这一符号，在不同的地点、情境、场合里，应该代表不同的内涵。

因为上述“名可名”的道理，所以《易经》阴阳卦爻令人觉得神秘、晦涩、生疏。看到这些符号，我们不知道里面究竟要表达什么。阴阳卦爻放在一起排列组合，我们就更不清楚其中的含义了。假如每一卦没有卦辞和爻辞等文字部分，而仅有卦爻，那么《易经》对今天的读者来说无异于是无字天书，相信易学也不会自古以来就如此兴旺。

所以，周文王、周公、孔子他们所做的事情非常重要，等于是《易经》卦爻的翻译专家，是把符号中的意义给我们表达出来，并争取做到“信、达、雅”。这相当于在《英汉词典》中，先列出一个英文单词，然后用汉语去进行解释。

不过，周文王翻译的这些符号，不一定是唯一正确的答案，周公和孔子也许就差得更多。假如能够见到《连山易》或者《归藏易》的话，可能会有不同的“译法”。比如美国大片《后天》和《国家的敌人》，其译名都有更贴切的另一种版本可用，也许“明日之后”和“联邦的敌人”更符合影片的本意。

同理，我们读《易经》的时候，了解了卦辞、爻辞和《易传》中的解释，不等于就掌握了《易经》的精华，还要对照我们自己的生活实践和管理实践去解读和提炼，这是最基本的学习态度。对于任何著作，我们都应该这样来阅读和学习。

把表面的符号与符号背后的本质联系起来，是一项重要的思维能力，也是管理哲学或者领导哲学的必修课，所以，对于这个哲学问题我们还应该再讨论一下。不喜欢过于“玄虚”话题的读者，可以先略过本节继续往下读，直到看完本书末尾，再回来阅读本节，届时可以归纳出新的哲学体会，可能效果会更好。

我们在阅读哲学著作时，最难的就是理解概念，知道著作中的文字符号究竟代表着什么，直接关系到对整个思想理论体系的了解。比如佛学中的“色”，《中庸》中的“性”，《论语》中的“仁”，读者必须了解这些文字符号所代表的本质意义，了解这些文字的特定含义，才能准确地把握其要表达的本质意思。

人类社会本来就是一个符号化的社会，“烟斗”代表男厕所，“P”代表停车位，伸出拇指或中指会引起对方不同的反应，这都是符号的直接内涵，较易理解。冬天北京街上的小狗，经常穿着漂亮的坎肩，这样美丽的外套绝非小狗自己的选择，而是主人的关心，所以，这些小狗穿的坎肩，其实代表着主人的爱心和个性主张。同理，宝马 X5 不仅仅是交通工具，也代表着车主的优越地位，以及有钱之后仍然富有个性的人格特点。再推演一步，价格高昂且不能打折的飞机头等舱，其实坐着也没舒服很多，更不会比经济舱的乘客提前降落，但还是有人愿意乘坐头等舱，因为头等舱的主要作用在于识别客户，或者说是把“贵人”从芸芸众生中标识出来。所以，出售可以给人“标识”的产品和服务，通常都是很好的生意。因为做实不如做虚，尊贵品牌往往给人带来不可思议的心理效用。

所谓管理案例，通常就是某一类管理问题的代表符号，是同类问题被抽象了之后的代表，而能够被作为代表符号的，又说明该事物在此领域的“江湖地位”。我们提起国外公司的 CEO，往往脱口而出的是通用电气的杰克·韦尔奇，国内的就会提到海尔的张瑞敏。诸如此类的，像讨论大企业一定要提世界 500 强，股权争议说爱多，资本运作谈德隆，人力资本说步步高，财务舞弊说安然，等等，这些都是该领域内的“管理符号”。

符号所代表的本质，也即符号的内涵和外延，就是这个符号的定义，对定义的了解过程，是一个深入的信息加工过程，是一种哲学分析方法。通过归纳和定义，才能使管理者建立起领导哲学的思维境界。

也有一些企业家，甚至管理学家，认为讨论哲学定义问题是无关紧要的，和管理实践相去甚远，这其实是市场发育处于低级阶段才会存在的一种观点，是短视企业家的特征之一。管理哲学的四大方法就是怀疑、定义、归纳和对立，定义方法乃是科学管理思维的核心要素。界定事物的定义，分辨其内涵和外延的过程其实就是我们加深对该管理问题认知的过程，是可以带来经济效用和利润的。

而深谙管理实践并具有管理智慧的人，都会深刻地了解，管理思维中定义总是最困难的，总是决策和操作的前提。对于定义的理解和运用，是企业能够发展壮大的基本前提。

比如，消费者对于健康食品的要求在逐渐提高。在北京的一些饭店里，普通的炒鸡蛋和炒“散养鸡蛋”，价格相差六七倍之多，这是因为散养鸡蛋更天然、更健康，而机械化养鸡场的产品总难免有残留物的嫌疑。那么，什么叫散养鸡，或者说，散养鸡如何定义，就是其中最关键的问题。

如果政府出台了一个规定，给出了散养鸡的定义，或者修改了散养鸡的定义，那么对散养鸡市场上的所有企业，都会造成巨大的影响。又或者某一家企业散养鸡做得很好，消费者也认可，政府部门也认可，在同行里具备较高的信用和技术水平，那么这家企业散养鸡的质量标准，可能会作为散养鸡的定义，为市场所普遍接受，甚至成为行业标准。于是，这个为市场提供定义的企业，就会长期拥有优势地位，因为整个产品市场都是这个企业定义的，它的标准就是市场的标准。

同理，什么是鲜奶？几年前对鲜奶定义的调整，使国内奶品企业的竞争格局严重动荡，并重新洗牌。除了不同企业的此消彼长之外，现在超市的柜台上只剩下了各种酸奶，鲜奶难觅，这就是定义对市场的深刻影响。

什么是感冒药？是治疗感冒的药物吗？迄今为止，人类尚未发明治疗感冒的有效药物，所以，当前的感冒药，一律是缓解感冒症状的药物。治疗感冒与缓解症状之间的区别，相当于射进屁股的箭头和露于臀部之外的箭杆，差别不小。而真正去治疗感冒疾病的，如古希腊被称为“医学之父”的希波克拉底所言，是来自我们人体本身的伟大力量。

再回到企业管理本身，我们问什么是企业？企业的定义本质是营利性组织，而营利性是本质含义，是向股东分配利润。回溯一下国有企业改革的历程，其实就是对营利性本质定义的认知过程。确立股东与企业的正确关系、理清股东主体及与企业主体的分红控股秩序，是企业这一定义的核心要义。了解了这个定义，我们就可以明白，非营利性机构，不见得是不挣钱的，比如学校、医院、学会，也许其净资产利润率高于市场上普通的企业，只是不需要向股东分配利润而已。

在营销上，使用定义方法，也是商业秘诀，最典型的案例，比如“来自意大利的品牌”，究竟是什么意思？其实，国内任何一家企业，都可以到意大利申请一个商标，当然，也可以在意大利或者香港注册一个公司，以该公司名义去申请这个商标。申请之后，将该商标贴在国内制造的产品上，则此产品的广告上可以明确宣称这是“来自意大利的品牌”，货真价实，绝无欺诈，这是对定义方法的巧妙运用。

这方法中的核心道理，是营销学上的信用借用原理。任何信用都是具备衍生性的，学会借用信用，是商业成功的重要法宝。比如一家注册资本只有50万元的企业，假设有一位股东是李嘉诚，那么希望与这个企业合作做生意的人或企业可能就排成队，这是借用了股东的人身信用。同理，比尔·盖茨在我们这一带买房子，就会提高这一带的房价；本公司是IBM的供应商，就会吸引很多其他的公司，等等，均是狐假虎威的信用借用招数，说白了，就是名人效应。

关于定义，最重要的一个问题，就是对于我们自己的定义。人在社会上，或者企业在市场中，究竟是什么角色，该如何定义自己，或者说个人的使命、企业的使命究竟是什么，这是《中庸》中提出的“尽人之性，尽物之性”的问题，用常言讲，就是我们的定位，用英文讲，就是to be，也叫存在。同理，这本书该怎么写，这本杂志该怎么办，厘清自己的定义，就是明晰了自己的价值，在此基础上，才有战略可言，才有设计操作方案可言。

综上所述，学习如何识别定义，解读定义，甚至如何为市场制造定义，这就是管理者的哲学境界之一。

3. 八卦的推演：《易经》的符号体系

阴爻和阳爻，就是《易经》的两个字母，一阴一阳两个字母不断地排列组合，写出了伟大的历史篇章。

《易经》是一个符号体系，所谓符号体系，意味着这些符号的排列是有规律的，按照其逻辑顺序阐述一定的思想内容，读者可以按照其逻辑顺序去解读和了解整个知识体系。

《易经》是一个符号体系

- 符号体系。
- 符号的排列是有规律的，按照其逻辑顺序阐述一定的思想内容。
- 六十四卦德。

	天☰	泽☱	火☲	雷☳	风☴	水☵	山☶	地☷
天☰	乾	履	同人	无妄	姤	讼	遁	否
泽☱	夬	兑	革	随	大过	困	咸	萃
火☲	大有	睽	离	噬嗑	鼎	未济	旅	晋
雷☳	大壮	归妹	丰	震	恒	解	小过	豫
风☴	小畜	中孚	家人	益	巽	涣	渐	观
水☵	需	节	既济	屯	井	坎	蹇	比
山☶	大畜	损	贲	颐	蛊	蒙	艮	剥
地☷	泰	临	明夷	复	升	师	谦	坤

阴爻和阳爻两两配对，于是出现了四象。

这个配对过程，是按照“其初难知”原理，即《易经》每卦的书写顺序，从下向上形成的。

由最下面的“初六”阴爻，衍生出阴阴和阴阳，即老阴和少阳。老阴好理解，两层都是阴的，所以叫老阴。少阳的意思是“起初是阴的，结果原来是阳”，终究还是阳的，之间有一个变化、辩证的过程。

从“初九”的阳爻向上，则衍生出阳阴和阳阳，其中先阳后阴的，是少阴；两爻全是阳的，是老阳。

用今天人们的常识来标识四象，其实就是平面内的X轴和Y轴，其中第一象限XY都是正的，就是老阳，反之，XY都是负值，则为老阴。

四象之后，卦象继续“向上生长”，四象各自分别增加阴阳卦画，于是出现了八卦。

四象分别命名为老阳、少阳、老阴、少阴，八卦也有了名字，即“吾不知其名，字之曰乾、坎、艮、震、巽、离、坤、兑”，这是我们通常见到的八卦卦象和卦名。但我们前面讨论过“名可名，非常名”，即任何定义都是危险的，都是不能穷尽描述事物本质的，名字只是人们为了表述方便而临时定义的。

根据考古发现，初步可以断定的是，“乾、坎、艮、震、巽、离、坤、兑”并不是八卦原来的卦名，而是后人改动后的结果。目前关于《易经》最珍贵的考古资料，是长沙马王堆出土的“帛书易经”，根据“帛书易经”的记载，至少在汉代的时候，八卦本来的卦名应该是“键、赣、根、辰、算、罗、川、夺”，大体上和今天的卦名谐音，但毕竟大不相同。

这是四象生八卦。两个八卦相叠，即六爻，为《易经》六十四卦中的一卦。

【二】

《易经》的理论核心：一阴一阳之谓道

《易经》的理论核心，是《系辞上》中的一句话，即一阴一阳之谓道。

世界万物，纷繁复杂，从宇宙银河到蝼蚁屎溺，从旦夕风云到生老病死，大千世界，万丈红尘，想要穷尽描述，是根本不可能的。但《易经》却举重若轻地完成了这个不可能的任务，将纷繁复杂的宇宙万物都归纳为一句话去表述，即一阴一阳之谓道。

《易经》高度抽象了世界万象及其规律，凝练出“阴阳”两要素来看待、解释和阐述自然现象，这就是“道”。老子所谓“道可道，非常道”，意思就是说自然的倾向（道）如果都能被我们所认识和描述，那就不是永恒的道了。

一阴一阳，“乾知大始，坤作成物”，生命的起源来自雄性，而生命的完成则在于雌性，天地万物的生成就如同生物界的两性结合一样，这是古人阴阳观形成的第一步。接下来，做拟人化的推演，两性就由阴阳两个符号来代表和描述，由此推演论述了阴阳相生相成的宇宙论哲学，这时，雌雄两性，即阴阳两仪已经转化成为没有人格的自然力量了。换言之，是阴阳两种自然力量不断发生关系，二生三，三生万物，衍生了宇宙万物，即一阴一阳之谓道。

《易经》这种高度抽象的思维方式，是人类智慧的极致。

抽象思维是人区别于动物的根本标志。直到今天，儿童的社会化过程，其重要任务就是学习和锻炼自己的抽象思维能力。比如计算3个苹果加上2个苹果，一共是几个苹果。人类思维会先将苹果的具体表象舍去，而是抽象出3和2这样的数字概念，完成计算之后，再把得到的数目5还原到具体物象中去，得出5个苹果的结论。这个过程貌似简单，其实在人类演进的过程中，具备革命性的重大意义。

大道相通，《易经》不仅仅属于中华民族，而且是普世性的，是属于全人类的文化成果。现代科学亦如是，这种抽象凝练、大道相通的思维方法，是人类一般的科学思维方法。比如我们今天常见的一些社会现象，开车加塞儿、随便丢弃垃圾等一些行为，以西方心理学的观点来解释，统统都属于肛门期遗留问题。从表面看，开车加塞与肛门仿佛不相干，其中脉络相通在于，均是没有学习好如何控制自己的行为，加塞和排便的冲动，可能谁都会有，但不能随地大便，是人社会化训练的结果。可见，在万物色相纷呈之间，探寻其内在贯通的类似性，提炼出一般性规律，这是人类思想成果和科学成果都必须遵循的思维路径。

再如，古希腊数学家、哲学家毕达哥拉斯提出的著名命题"万物皆数"，其实和"一阴一阳"一样，在试图抽象概括整个宇宙，并试图去发现和描述万物背后隐含的客观规律及自然倾向。古代埃及人和古代中国人，都把一年分为12个月，他们应当没有商量过，也并未召开国际会议协调此事。我们可以推断，他们都观察到了月亮的阴晴圆缺等自然现象，并由此归纳总结出客观规律和描述记载方式。所以说，正确的思维往往惊人的类似，只有错误才千差万别，通常只有错误雷同的试卷，才有作弊抄袭的嫌疑。

一阴一阳的案例，可以说遍地都是。比如核能的发明，既是很好的清洁能源，又是骇人的杀人利器，这利弊之间，其实就是阴阳两面。再比如关于著作文字数量和作品品质的讨论，也是阴阳两分的观察方法，数量多质量也好，当然是最好，但是可能上百年才出现几个这样的学者，这样的著作确实有历史性的意义，但如果只能出版这样的作品，出版业岂不是无法存在？数量少质量差的作品自不必说了，当然不能出版。最后大家发现，至少数量比较好控制，以前可以做剪报，现在可以搞搜索，而质量是可遇而不可求的缘分，要求不能太苛刻太执著，因此对某些质量相对较好或者不是太差的作品也予以出版。

《易经》中这种“阴阳对立”的思维方式，是中华文明的DNA之一，深刻影响了中华民族的思维，也是企业管理者管理企业的根本出发点。从儒、道、法、兵等诸子百家，到今天的经济学、管理学、法学乃至数学、物理学，我们处处可以看到《易经》这种思维方式的不同演绎版本。每门学科中，都充满了类似的“对生词汇”。如《道德经》中有利弊、福祸、有无的论述，《孙子兵法》中宾主、彼此、奇正等，儒家的仁礼、进退、内外，佛家的色空、空有，物理学的正电负电、动能势能，经济学的供

《易经》的对立统一

- 《易经》的对立统一思想是全部中国文化思维方式的核心，也是企业管理思维的根本出发点。
- 从儒道法兵到今天的经济学、管理学、法学乃至数学、物理学等，处处可见《易经》的这种思维方式。

- 利弊、祸福、有无
- 宾主、彼此、奇正
- 仁礼、进退、内外
- 色空、空有
- 正电负电、动能势能
- 供给需求、宏观微观
- 权利义务、公法私务
- 物质意识

给需求、宏观微观，法学的权利义务、公法私务，哲学的物质意识等。

《易经》用一阴一阳两个符号，或者说两个要素，对立统一地描述宇宙、社会、人生以及企业成长的总规律，用我们今天的哲学话语来讲，就是矛盾普遍存在、矛盾对立统一和矛盾互相转化。

1. 资产负债表：有阴必有阳，阴阳必相等

阴阳平衡表

一阴一阳之谓道的对立统一，在商业上最经典的案例，就是资产负债表，这是冥冥之中东西方辩证思想大道相通的案例，是一种匪夷所思的契合。

资产负债表被称为是人类历史上最重要的商业技术之一，没有这个商业工具，不但企业经营难以核算和掌控，金融业更是难以成为独立的产业。在会计学上，资产负债表的理论依据是复式记账法的恒等式，即“资产 = 负债 + 权益”，这一会计思想来源于1494年意大利人卢卡的著作《数学概论：几何学及比值比例》。

对立相生、依存互变

资产负债阴阳表

资产（阳）	负债（阴）

资产负债表是企业管理最重要的文件之一，也是企业五大法律文件之一，并且，鉴于其在企业的纲领地位，我们可以称之为“乾纲报表”。

资产负债表的格式，有几种不同的版本，我们拿来讨论的，是T

型结构表格（见表1），这是国内企业熟悉的通用样式。根据管理哲学的时空观，这个报表在技术上就先假定时间静止，确定一个时间点，再来逐项描述企业的资产空间情况。管理哲学对空间的考察，主要是从结构入手，综合探讨结构、结构之间、结构和总量之间的关系，这是系统论的思维方式。

表1　资产负债表

编制单位：XXX　　单位：　　万元　　日期：					
资产	数额	总额	负债及股东权益	数额	总额
流动资产			流动负债		
现金	1		短期借款	5	
银行存款	17		应付账款	19	
应收账款	15		预收账款	10	
其他应收款	6		其他应付款	2	
预付账款	3		应付工资	2	
存货	17		应交税金	1	
流动资产合计		59	流动负债合计		39
非流动资产					
长期投资			长期负债		
长期债权投资	6		长期借款	3	
长期投资合计		6	长期负债合计		3
			股东权益		
固定资产	38		实收资本	50	
固定资产折旧	8		资本公积	2	
固定资产净值合计		30	盈余公积	1	
无形资产及其他资产			未分配利润	5	
无形资产	5		股东权益合计		58
无形及其他资产合计		5			
资产总计		100	负债及股东权益合计		100

简单地说，资产负债表对立相生的结构思想就是把一个整体（企业资产全貌）分为两个方面（资产和负债），两个方面的关系就是平衡关系（左右必相等），这就叫一生二、二生三、三生万物，“三”指的是二者的关系。

当然，这种平衡关系只是瞬间的平衡，是某一特定时间点上的平衡。资产和负债随时会发生变动，不过变动完成之后，左右仍然平衡。比如，我们现在收回了2万元的应收账款，那么应收账款就从15万元减去2万元变成了13万元，同时现金从1万元增加了2万元变成了3万元，但表格整个的左右平衡仍然维持不变。接下来，我们再用银行存款偿还5万元的应付账款，那么银行存款就从17万元变成了12万元，应付账款对应的变成了14万元，表格的左右平衡还是不变。

总之，资产、负债、借、贷，这四个要素的排列组合，是在动态平衡之中反映企业资产的全貌，阴阳平衡之间，左右永远相等是资产和负债在对立的同时体现出来的共性。换句话说，资产和负债既是对立的，同时又相互依存，相互影响的。左边多了，右边必定也多，因为左右必相等。这是一种对立统一的辩证思想，“一增一减的动态平衡”。

于是，资产负债表的理论核心，就是“有阴必有阳，阴阳必相等”，所以，这个表格又可以叫做“资产负债阴阳平衡表”。

得到与失去的相等

资产负债表左侧的“资产”既然是企业的资产信用，右侧的“负债”相应的也就是企业获得的利益，是企业占用了债权人的信用，你得到的正好是你失去的那么多，只是科目不同罢了——我们的人生其实也是如此。这个会计表格体现了深厚的哲学思想。

资产负债两分平衡的思想贯穿了所有管理哲学的思维方式，从整体考虑，区分两个方面，协调两个方面的比率和关系，这是一阴一阳之谓道的对立统一思维。由这种思维，也推演出我们管理哲学四大方法——怀疑、定义、归纳、对立中的第四种，即对立，对立就是为了统一。

表格的左边是企业资产，也就是企业的资产信用，右边是企业负债，也就是企业获得的信赖利益，是企业占用了债权人的信用。资产负债表左右两侧的阴阳对立，是资产与负债、信用与信用占用的相互依存，左侧的信用与右侧的融资永远是平衡的。“得失有无”的辩证法是中西方思想的精华，表格的英文名称（Balance Sheet）更是直接体现了平衡思想。

资产负债表右下角写的是“负债及股东权益合计”，但整个表格的名称却叫“资产负债表”，而不是“资产负债及股东权益表”，这两种说法其实并没有矛盾。因为股东投入公司的钱也是公司欠股东的一种债，是比较特殊的负债。从债的本质讲，在此都是一样的，只是因为来源和个性不同，才有品性的区分而已。

负债和股东权益在表面上是两种称呼，在本质上其实都是企业的负债，是外界流入企业的货币性资源，只是因为品格不同才出现了新的划分。

另外，表格右侧的排列结构还蕴含着一个哲学道理，即下面保护上面，从债务到权益，是一个吸收风险补偿损失的顺序，是资金托着债务（见表2），用法律的话说，叫“资金是债权的保护”，用财务上的话说，叫“科目位置越靠上，求偿权强度越大”。这种上下关系，是财务杠杆的关系，上面虚下面实，这是《易经》的泰卦之象，稳当；上面实下面虚，杠杆效率是高了，但债权就不太稳妥，这是否卦之象。

表2　资金是债权的保护

负债及股东权益	数额（万元）	总额（万元）
流动负债		
短期借款	5	
应付账款	19	
预收账款	10	
其他应付款	2	
应付工资	2	
应交税金	1	
流动负债合计		39
长期负债		
长期借款	3	
长期借款合计		3
股东权益		
实收资本	50	
资本公积	2	
盈余公积	1	
未分配利润	5	
股东权益合计		58
负债及股东权益合计		100

于是，因为假设时间暂且不动，所以整个资产负债表就成为《易经》管理哲学空间观的典型案例，其不同科目的数字、位置、结构、相互关系和比例，是财务人和企业主永远讨论不完的话题，对空间结构的不同解读，又体现出不同层次的商业智慧和管理能力。

资产负债表是一个提纲挈领的管理工具，直观体现了企业资产的全貌，左右两边体现了权利义务相生共存的法律理念，左右对立，又互为依据。把这个报表放在整个产业链中，我们还会发现，应付账款是企业要向供应商支付的货款，是给上家的钱，应收账款是企业的客户拖欠的或者说尚未支付的货款，是下家欠我们的钱。

也就是说，这个表格能够体现出企业与环境的关系，能够体现出企业在不同的产业链条、不同的经济食物链中与其他市场主体前后上下之间的有机联系。

我们投钱出去再设立一家企业，这体现在资产负债表的长期投资当中，对应的，我们的权益就写在新设立的公司的股东权益里面了。

所以，所有的市场主体之间，实际上是形成了一张网，千丝万缕，而无数张资产负债表把整体市场联系在一起，就形成了一张“天网恢恢”的“资产负债表之网”。

这就叫芸芸众生，各自有各自的报表。

2. 贞观之治：一阴一阳的用人之术

企业管理的核心是人力资源问题，而企业的人力资源，不仅仅是指招聘进来的员工，其中也包括企业主和管理者个人的人格魅力和品质，还有整个企业的组织质量和管理效率。所以，从管理学的角度来看，研习《易经》思想的理论核心，首先就要与企业用人之术结合参悟，体会《易经》思想中一阴一阳的用人之术。

一阴一阳的用人之术，并非是“太监人格”的阳奉阴违之术，也不是通常大家会联想起来的所谓“帝王之术”。

“帝王之术”，经常是破坏管理效率的手段，其要义在于，最高领导者为维护自己的有效统治，会故意在下属之间“栽培”对立的两派，两派不断相争，统治者则通过在对立的两派之间协调出一种平衡，来凸显和强化自己的统治地位。这样的用人之术是宫廷电视剧中常见的故事情节。帝王之术的“科学根据”在于：二虎相争，总比有一虎来挑战我更好对付。这有些类似于西方两党对立的思维方式。

《易经》一阴一阳的用人之术，绝非此种不顾历史进步、玩弄权术的阴阳之术，而是不拘一格地善用人才、善于反思检讨的科学决策之术，是人力资源管理的“贞观之术”。

唐太宗李世民，就是一个善于演绎《易经》一阴一阳用人之术的典型人物，也是中华民族、中国社会的一位优秀辅佐者。

《易经》说“天地之道，贞观者也”，李世民的贞观之治，即是《易经》思想在管理实践中的一次具体演绎。任何封建帝王的社会管理行为，其核心都是用人之道，这和今天的大型企业集团的管理是大道相通的。李世民的用人之道，精彩地展示了“一阴一阳之谓道”的用人思想，其突出特征，就是阴阳并用。

李世民手下有三大谋士，即房玄龄、杜如晦和魏征，三人性格和处事方式完全不同。李世民构建这样的人才结构，颇得“一阴一阳之谓道”的贞观三昧：

首先是“房谋杜断”的阴阳不同，房玄龄的优势在于缜密揣度，是阴柔的、保守的；杜如晦的优势在于断然决策，是阳刚的、进取的。而李世民在此阴阳平衡之间所作出的决策，必定是比较接近科学的、合理的。

更为难得的是，李世民为自己故意制造对立面，由谏臣魏征负责随时提出反对意见。对任何谋求更大发展的组织来说，有刺耳的反对声音响起，自然可以使得决策者有机会反思和检讨自己，并获得更理性、更客观的结论。

这位可爱的皇帝，不但自己使出这一阴一阳的用人之术，而且制度化地将之普施于整个朝廷。登基刚刚 3 年，才 30 岁的李世民，居然睿智地确立了“谏官同议”制度，即三品以上官员参与国事讨论的时候，必须有一名谏官陪同，相当于是一位“反对秘书”。三品以上官员如出现不妥言行，谏官随时有权进谏发言，提出反对意见。如此“秘书制度”，与现在的秘书制度和秘书工作，实在迥异。

这种“一阴一阳之谓道”的用人之术，千古之下，依然令人钦佩不已，并足以使今天的企业家获得极大的哲学启发。

3．对立：竞争与合作

企业家一阴一阳的用人之术中，最要紧、却又最难做到的，就是听取反对意见，甚至刻意去维护或者制造一个对立面出来，以保持自己的警惕性，维护客观标准。

存在一个好的对手，是我们不断进步的重要条件，一定程度上也可以说，正是因为对立方的存在，我们自己才得以存在。庄子有一篇文章叫《齐物论》，“齐物论”意译成今文，其实就是“大道相通”的意思。文中核心的一句话，恰好就是《易经》阴阳对立统一思想的阐释，即“非彼无我，非我无所取”，意思是没有对立，我就不存在，没有我，对立也无法存在，所以庄子说：“物无非彼，物无非是，自彼则不见，自知则知之，故曰：彼出于是，是亦因彼。”

假设在麦当劳和肯德基之间，或者在可口可乐和百事可乐之间，舍去其一，那么另外一个就能基业长青了吗？单一企业垄断市场，对于消费者来说自然不是好事，即便对于该企业本身来说，也可能导致其没落甚至走向破产的道路。为“天下独夫”者，绝难保持客观和冷静，通常反而会骄傲之极，自信心膨胀得无以复加，上帝怎么不会令其疯狂！

对手，不一定就是你的敌人，或者说，从表面利益的角度看起来，彼此之间好像是对立的关系。但从“非彼无我”、缺乏对手就缺乏进步目标和进步动力的角度看，如果有一个势均力敌的对手，反而是企业立身所必备的条件。比如所谓标杆管理，其实就是企业管理中流行的制造对手的手法，寻找一个参照物出来，然后以此“假想敌”为目标，以科学手段分析对手的管理行为，并对照学习比较，以谋求本企业的进步。标杆管理对于正处在发展初级阶段的企业来说，容易上手，容易操作，是非常实用的管理工具。

市场炒作的三大法宝，就是“点火”、“借火”和“灭火”。“点火”是自己策划实施的炒作，也许效果最好，但是成本也最高，比如创造一个概念出来，像“变频汽车发动机”或者“DFR 养生丰胸壮阳因子”等，凭空制造出消费者的偏好和新的细分市场，这是常见的忽悠手段；“借火”则是以模仿和复制为主，超女既然火，为什么不能搞“超男”呢，推而演之，既然有《红楼梦》的选秀，为什么不能有《金瓶梅》的选秀呢，等等，可以超级 PK 的事情实在太多了，但“借火”的缺点是容易因其媚俗反而令人反感，让人觉得技术含量低下；最容易上手的，也是最便宜的炒作，就是“灭火”，看谁火就灭谁，只要对手一接招，效果马上就出来了，成本很低。即便短期内显得有些“无耻”，但扬名为先，其他的以后再说，此时借对手的身价，先把信息传播开去即可。

所以，制造对手的隐含思路，“看一个人的身价看他的对手，看一个人的实力看他的朋友”，非彼无我，对手的身价就约等于你的身价。国内的企业众多，但哪一家现在是把 IBM 或者杜邦作为竞争标杆予以模仿和赶超的？

小布什第二次参加美国总统竞选的时候，民意测验落后戈尔很多。大选之前的几天，很多人都以为他已经无力回天。但此时扭转乾坤，出手帮助他的，却是其“死对头”拉登。拉登适时发表讲话，其内容自然还是反对美国，但此时讲话的客观效应，却是告诉美国民众他的存在。既然拉登还存在，则标榜反恐的小布什，也就还有存在的价值。感觉到恐怖主义危机的美国选民，终于还是选择了小布什。

小布什与拉登的政治观点，我们且不去评价，但两个人既然都是“团队领袖”，自然有一定的管理思维能力和管理哲学境界。两人都应该明白“非彼无我”的管理手段，没有拉登，则小布什所标榜的反恐就缺乏号召力和紧迫性，而没有小布什这种“牛仔”外交风格，拉登也会因为缺乏明确坚定的敌人，而失去极端挑战的契机和影响力。

在市场中，在事业中，在决策中，只有对立方的存在，才会使我们警醒自己的立场。只有在挑战面前，我们才会发现自己的弱点，之后，才能有修正的机会，并使事情健康发展。沙丁鱼习惯密集群聚，紧紧地挤在一块，往往窒息而死。为了保证沙丁鱼的新鲜，渔民往往在盛沙丁鱼的鱼槽里放一条鲶鱼进去，光滑无鳞的鲶鱼天性好动，并且是沙丁鱼的天敌，因此沙丁鱼见了鲶鱼十分紧张，就会四处躲避，加速游动，从而保持活力，得以生存。

所以，有反对意见出现，有竞争对手存在，这些都是企业家应该感到高兴的事情，说明企业还有上升的空间。

中华民族之所以取得数千年绵延不断的管理成就，其中很重要的一点，就是有御史言官的制度设计。言官的某些具体观点，也许并非合理，但其表达意见的行为本身，就是对朝廷的奉献。

【三】

太极生两仪：管理总是辩证的

由“一阴一阳之谓道”展开推演，就是《易经》宇宙观的理论架构，即“太极生两仪，两仪生四象，四象生八卦”。

我们先说太极生两仪。

太极，是宇宙的本源，是一种虚空的存在状态，但并没有人见到过，只是理论上的描述。这就好像老子论述的“有无”，无不是什么都没有，而是一种被称为“无”的存在状态。我们前面讨论过符号和本质的关系，太极也是一个符号，代表着古人对宇宙本源的存在状态的认识。

《易经》用一阴一阳两个符号对立统一地描述宇宙、社会、人生以及企业成长的总规律

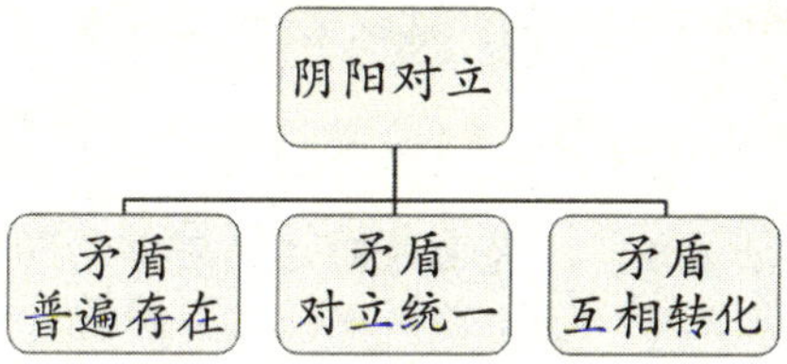

太极，无所谓时间和空间，用今天的几何学知识类比，这就仿佛一个“点”。由此概念再去讨论线和面的问题，至于此“点”本身，只是数学上的抽象描述，也无所谓其大小长短等时空维度。

根据比较新的考古资料。我们发现“易有太极”应当是“易有太恒”，这和最新的考古发现《道德经》中的“道可道，非常道”应当是“道可道，非恒道”有异曲同工之妙。《道德经》中的“道”确实

应该是恒道，是永恒，而不是平常的意思；“常”字虽然也可作“永恒”解，但鉴于其词义较多，容易被人误解。把永恒之道误解成平常之道，就彻底偏离了老子的本意。其中，“恒”字的改变，据说是避讳汉文帝刘恒的名字，文帝之后，连民间传说中的姮娥，都被改为嫦娥，并流传至今。

太极生两仪，这两仪也就是一阴一阳，我们在讨论“一阴一阳之谓道”的时候，其实已经把“太极生两仪”的意思带进去了。阴阳两仪，对立统一，阴阳互动，三生万物。

从太极开始，事物以阴阳两种要素的不断对立、衍生、分裂、发展开来，于是，对太极“整体一”、阴和阳“两仪”以及阴阳关系的观察和思考，就是对事物衍生、发展的探知和分析，这是一种由“一”到“二”再到“三”的思辨过程。

从两个对立的，或者相关的角度去考量问题，看待世界，是一种两仪观念，也是我们最常使用的、最科学有效的思维方法，可称为“两维思维法”，这是人类处理事务的高明技巧。

1. 二生三： 两维思维的管理智慧

企业管理者首先应知晓阴阳两仪关系，就是市场最基本的矛盾，即供给与需求，这是市场中一阴一阳最基本的对立两仪，即便没有进修过 MBA 课程的管理者，纯粹凭借经营经验，也一样可以体会出这样的道理。

“百姓日用而不知”，情人节的时候，鲜花比较贵，黄金周的时候，机票会涨钱，看不懂经济学术语和高深数学曲线的人，也能知道上述经济规律。因为人类绝大多数的学习与所得，是在生活实践中进行的。区别在于，经由理论的指导和哲学思维的观照，可以使人的既有经验获得理性的提炼和提升，可以获得更多的自由。

鲜花、机票和猪肉的涨跌，在这些价格机制的背后，就是供给与需求这一阴一阳两仪矛盾的不断对立统一。大道相通之中，供需的一阴一阳，就相当于《易经》这本“宇宙代数学”（冯友兰语）的摩尔斯密码，通电、断电加间隔时间，可以描写出所有的市场故事。

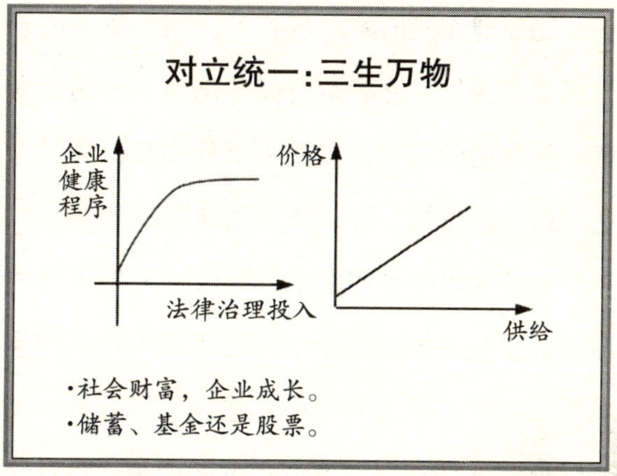

通常情况下，产品或者服务的价格越高，需求就越少，比如感冒了，随便找一个小医院看病就要花费几百元，面对这种情况，大家或者忍着病痛不去看，或者就去寻找替代品，逃离这个市场。即便是无可替代的产品，消费者也会竭力降低消费数量。价格越低，当然需求越多，不过价格即使能够低到零，需求也还是有终点的，不会没完没了，因为存在边际效益的审美疲劳。同理，价格越高，供给越多，有钱挣，谁不愿意来生产呢，这是价格信号对生产的刺激，但供给曲线也不会无限延长。

供给和需求这一对基本矛盾，是微观经济学乃至整个经济学中最基本的理论，如果不存在资源稀缺性，没有两仪对立，那么研究经济学就没有必要了。萨缪尔森曾经说过，你可以把一只鹦鹉训练成经济学家，因为你只需要教会它两个词汇，那就是供给和需求。但是最新版的萨缪尔森的经济学教科书，又修改了这句话，变成“我们不能把鹦鹉训练成经济学家”。可惜我不懂得英文，这种变化很让人费解。

总之，供给和需求是基本矛盾，是对立统一的一阴一阳。在一般性的市场结构中，阴阳之间的对立关系就体现成价格——三生万物，这三者不断相生相克，衍生出我们研究经济学理论的基本范式。如此类推，我们对待事物，以及各种管理问题，自然也应时刻保持“两维观点”，其中的不同，仅在选择何种参数作为维度，在方法上并无区别。

比如现在我们的经济收入，除去每月的开销，通常会有剩余，于是就要考虑将每月剩余的钱转化为未来的消费储备，比如储蓄或者投资。最常见的理财方式应是银行储蓄、购买基金和购买股票三种，而这三种理财方式，即是两维思维法的演绎版本，即收益和风险。

收益和风险是相关的，即收益大的风险也就大，如股票，风险小的收益也就小，如储蓄，这已经是当代人的生活常识。推而广之，我们在作出任何决策的时候，甚至犯罪分子的铤而走险，都是从收益与风险这“一阴一阳之谓道”的两维角度审视之后而做出的行动。因对风险的偏好不同，每人的具体决策也许不同，但这种两维思考的方式，却是共用的。在当前的市场环境下，就储蓄、基金、股票三种理财方式来说，最后选择购买基金的人为多，这是《易经》哲学中庸理念的影响，我们后面还会详细讨论。

管理私人财产与企业经营之间，当然有类似规律可言。亚当·斯密曾经论述说，在一个分工和交换的社会中，每个人都不可能生产自己所需要的全部消费品，贵为世界首富的人，也不是自己动手制作自己使用的牙膏和牙刷。每个人都需要依靠交换才能生活，于是，每个人在一定程度上都是一个“商人”。

两维思维在经济管理中最为直接的案例，就是“正态分布图”这种经济分析工具。正态分布图是涵盖若干学科的大道相通的工具，并以钟形曲线为主。这种图形中，有一个横轴代表阳维，一个纵轴代表阴维，阴阳赋予不同的参考角度，比如风险收益，或者效率安全，其中最重要的经济原理，就是边际效益递减曲线。

边际效益的两维分析，以投入为横轴，以产出为纵轴。所谓“边际”，即是“新增”，边际效益就是新增投入的产出情况。

以大道至简的思路阐释，所谓边际效益递减，就像吃包子，吃第一个包子开心，第二个更开心，这都是边际效益递增，第三个吃饱了，第四个就撑得慌了，这是边际效益开始递减，再新增第五、第六个包子，这投入就是无效率的，是不经济的。概言之，企业投资，如测算出边际效益已经递减，则应及时审视甚至停止。

同理，60 分为考试及格线的话，从 59 分到 60 分的这 1 分比 60 分到 61 分的这 1 分要重要得多，所以，“60 分万岁”在经济学上是有理论依据的。当然，这仅是对眼前的短期效益而言，只是启发我们在某阶段应根据相应的条件去分析事物。

2. 天人合一：经济利益与道德人性的统一

对于我们中国人来说，一分为二的辩证思维方式其实是我们最悠久的文化传统，有为无为、利弊相生、知己知彼、以正治国以奇用兵、内圣外王、达则兼济天下穷则独善其身、福祸、张弛、刚柔、进退、迂直、色空，这些“对生词汇”都是中国式思维的招牌菜，是我们舍之不去的文化基因。

今天我们探讨本土化的管理思维，同样也不可能脱离这个范畴，也脱离不开《易经》的哲学范式。我们能做的，就是把古圣先贤们的伟大思想整理出来，为今人所用，在辩证思想“笼统模糊的整体观”中注入一些科学元素，更好地继承民族文化的精华。

从《易经》开始，中国人逐步具有“天人合一”的理念，认为天道和人道之间是相通的，自然的阴阳规律，对于人事来讲，也有借鉴意义。

比如，我们正在读书之时，身后有人呼唤我们的名字，通常我们无须回头观看，即可判断此人是在我们的左后方还是右后方。得出判断的物理条件，是我们的两耳接收了背后的声源，两耳构成了一个两维的坐标，大脑根据声源与此坐标之间的角度，即可自然判断出声源的大约位置。此信息加工过程自然完成，通常无须人有意识的思考，这是大自然赋予我们人体机能的一部分。

由此可以推论，我们观察、看待和判断事物，自然也应该以“两维坐标”考察，方可准确。耳朵是如此道理，眼睛更不必说，如无焦距，视觉所见皆是平面影像，肯定彻底颠覆我们的视觉体系。

提到了经济学，就不能不提亚当·斯密。因为自从有了他，经济学才算是一门独立的学科。既然提到亚当·斯密，也就不能不提他的两部著作，一部是《国富论》，这是以经济人假设为基础的自由主义经济学理论的奠基之作，是古典经济学的经典，另一部是《道德情操论》，是以社会人假设为基础的，探讨近现代经济社会下的人性完整问题。

正确的思想总是有着惊人的类似，一部围绕着经济的著作和一部围绕道德人性的著作，或者说一个经济人一个社会人的两种假设，实际上就是《易经》“一阴一阳之谓道”的精彩演绎。

当前的经济学研究，以及社会经济实践中的问题，主要就是“老阴”了，九阴真经虽然是很厉害的武功，但是修炼不得法很容易走火入魔伤身体。所谓效率和公平兼顾，结果只要是和效率有冲突，公平就回头再说。“阴”太盛，就容易造成“阳衰”，至少是阴阳不调，企业又怎么能够顺利发展呢？

经济学家继而又来研究道德问题，十年前厉以宁先生写了《经济学的伦理问题》一书，茅于轼先生写了《中国人的道德前景》一书，但都被湮没在浮躁的主流泡沫之中，没起到应有的作用。

即使是亚当·斯密本人，也被误会成只谈钱、分工、市场、贸易这类财富话题的学者，甚至很多人不知道他其实也是一个道德专家。亚当·斯密在《道德情操论》中有这样的论述："我们不敢按自爱之心可能提示的那样把一个人的利益看得比众人的利益更为重要。一个人绝不应当把自己看得比其他任何人更为重要，以至于为了私利而伤害或损害他人，即使前者的利益可能比后者的伤害或损害大得多。"足见他已经意识到经济利益与道德人性的冲突问题，并且其观点截然迥异于功利主义。

在财富和心灵的两仪坐标系中，对于我们这样的凡夫俗子来说，究竟哪个点才是我们的位置呢？究竟如何在经济和道德之间，在财富享受和心灵自由之间去权衡去选择呢？

【四】

两仪生四象：管理工具的运用

我们在讨论"两仪坐标系"的时候，都没有考虑横轴和纵轴的负值问题，用数学语言来说，就是我们只是在第一象限进行的讨论，使用的都是正态分布图表。

但在很多情况下，横轴和纵轴，或者说阴轴和阳轴，都是存在负数的可能的，于是就出现了四个象限的坐标图，这就是"两仪生四象"的老阳、少阳、少阴和老阴四个象限。

这四个象限是基于阴阳两仪推演来的，在阴阳的基础上又考虑了阴阳轴取值的正负。

我们前面提到过，思考越抽象，涵盖的范围就越广，这是了不起的宏观概括能力，是企业领导者应具备的人格素质。但仅仅抽象还是不够的，抽象的理论不能直接指导现实的行为。所以，又要从抽象中不断地演绎出来，从两仪到四象，乃至到后面的八卦，就是这样一个实践“阴阳之道”的过程。

两仪生四象

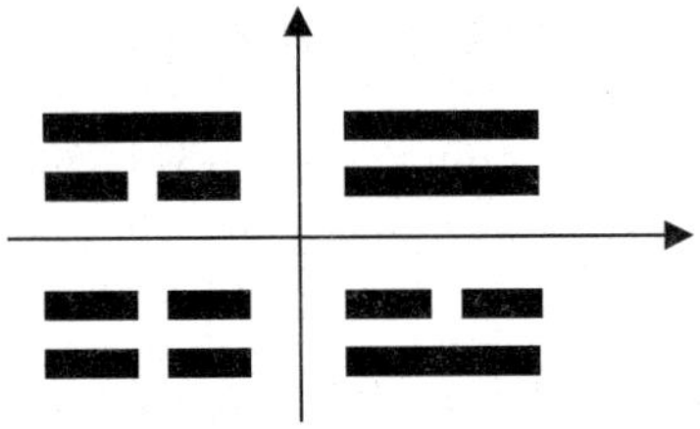

四象图在管理决策和数学中是常用工具

实践中，我们会发现，需要去研究、去解决的问题越具体，我们需要考虑的坐标系越复杂，越丰富，需要考虑的因素就越多，所以鱼骨图才会成为管理分析工具。

1. 波士顿矩阵的两仪关系

我们现在来看一个管理分析学的经典工具，即波士顿矩阵图，又称为四象限分析法、产品系列结构管理法等。

所谓矩阵，就是“四象”，取值正负不同，两维命名不同，但态势完全一样，这是最常用的一种管理分析工具。

产品组合分析四象图，据说最早是波士顿管理咨询公司提出来的，这是一种企业决策的分析工具。当企业拥有两种产品，或者有两个区域市场的情况下，它可以比较科学地帮助企业进行决策，以达到资源优化配置，或者说争取利润最大化的目的。

这就是四象思维，不但考虑阴和阳，而且考虑阴的增减和阳的增减。此图的两仪，横轴是产品的相对竞争地位，纵轴是业务增长率。

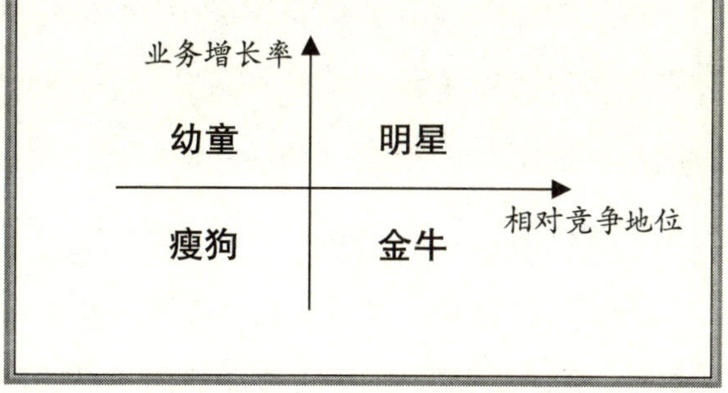

四象：组合分析矩阵图

处于老阳地位的，即两轴均为正值的，是明星产品。市场地位好，增长性也好，简单说就是产品销量大、回笼现金多，且呈加速度增长态势，这当然是企业家心目中最美的明星，一定要认真关照，好好保养。

处于少阳地位的，即横轴为负、纵轴为正，是幼童产品。市场地位还很弱，但增长性很好，按照乾龙产品周期规律，这应当是处于“见龙在田”阶段的产品，投放市场不久，还在成长期，现金贡献不多，但前景看好。企业在保护明星的同时，也会关注培养幼童的工作，因为这是企业的未来。

处于少阴地位的，即横轴为正，还有一些市场地位，但纵轴为负，增长性已经很差了，这是一个金牛产品，已经长大了，要抓紧时间使用，使其尽快贡献现金，否则就快变成老牛了。

处于老阴地位的，两轴皆是负值，是老阴瘦狗，听起来就很可怜。对此，通常企业不要再投入资金了，能收回一些更好，在不能维持的时候，也许企业就要放弃这种产品了。

2. SWOT 分析法

四象图中比较重要的一种，也是最流行的一种，是 SWOT 分析法，是由著名竞争战略管理专家迈克尔·波特提出的，是战略管理的优秀工具。

这个SWOT，是两仪四象图的简单变种，即将横轴正负两个方向，分别定义为优势（Strength）和劣势（Weakness），将纵轴的正负两个方向，分别定义为机会（Opportunity）和威胁（Threath），则英文缩写出的SWOT，用中文表达，其实就是优劣利弊。

企业在市场中，如果有竞争优势，并且也有发展机会，即处于老阳之区，那当然就该选择增长性战略，必须进取，否则对不起天时地利人和的大好局势。

如果企业有优势，但暂时没有很好的机会，这就意味着企业尚有剩余资源可用，没有完全发挥既有资源的效用，那么，应当采取多元化战略。企业在既有专业领域内还有发挥余地的时候，无须肆意多元化，只有在既有细分市场暂无更多机会，且企业尚有可以充分发挥效用的资源时，多元化才是考虑的抉择。管理不是赶时髦，而是动大脑。

如果企业没有竞争优势，但是有些市场机会，则需要采用扭转型战略。在把握机会中扭转自己的劣势，争取“或跃在渊”。所谓机会，是企业的外部条件，是可遇不可求的。所谓优势，主要指企业自身的条件，是企业当下没有，但可以通过努力获取的。外部有条件，企业当然应该珍惜，借此机遇尽量调动、吸引、改善内部条件，扭转乾坤。

如果企业既没有优势也没有机会，或者说既处于劣势，又面对威胁，自然应当采取守势为妥，即防御性战略。在防御当中，韬光养晦，培养自身的资源，并等待外部条件的变化。

根据《易经》的大道相通原理，SWOT分析法虽然是为了科学的企业战略决策而制定的，但是拿到个人职场规划上来用，也一样可行。每位职场人，都可以按照四象原理，以自身条件及外部就业机会，分析一番。

但有时这种方法却不一定很“灵”，其中的主要原因，和《易经》占卜一样，在于条件难以穷尽分析。所以，我们应该科学地认识到，这样的四象图，给出的是分析方法，而非直接答案。其中由于条件难以穷尽，产品市场难以准确定义，或者信息不对称等原因，均会使得分析结果失真。

所以，企业管理，永远不会以电脑计算的方式进行处理，其中必须综合使用企业管理的四大方法，才能趋近于真理。

【五】

四象生八卦：管理问题的归纳

1. 西北乾位的财富推理

四象分别向上再增长一爻，阴阳分别相配，就出现了八卦。为了区别于《易经》六爻的全卦，我们将此三爻的八卦称之为基本卦。即乾、坎、艮、震、巽、离、坤、兑。

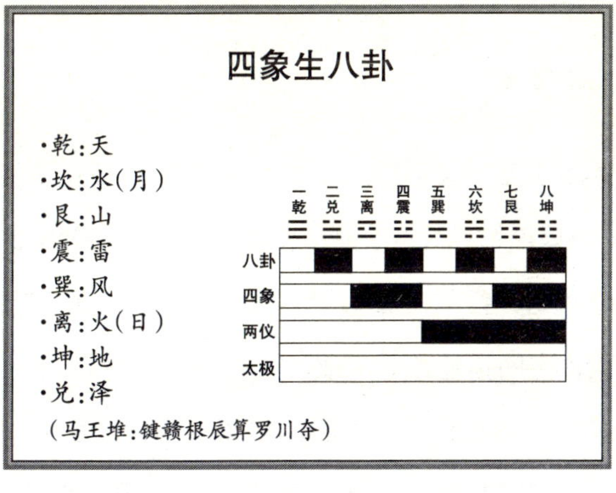

将八卦摆放在平面上，八个方位分别是不同的基本卦。八卦放在平面里，图像实际上形成的是一副“井田”模样，八户居民住

在周围，中间一块公田，或者一口井，形成了街坊格局，这大约是《周易》形成之时最普遍的社区结构。

在这个“八卦街区”里，按照风水家的理论，住在不同的基本卦位置，庄稼收成自然不同。既然西北的乾位代表财富，按照趋利避害的原理，人们应该一块挤到西北方位去住。再推理，因为大家都希望住在乾位的地方，需求太盛，则乾位的土地就变得越来越稀缺，于是地价就越来越高，最终结论是，此处代表财富。但此种财富推理，纯属制造稀缺，虽然也许会有一些比附作为解释，但其实并无任何科学和哲学依据，只是一种臆断而已。支持此论者，或者糊涂愚昧，或者招摇撞骗，都是《易经》研习者中的另类。

井田八卦方位，是八卦的平面分布图，但八卦的本质，却并不只是标识出平面，而是整个空间。

因为《易经》所要阐释的，绝非只是假想的平面，而是宇宙和世界。四象所演绎的，是一个平面内的对立统一。但我们生活在世界上、宇宙中，平面只是讨论问题的假想存在，是几何学的方法而已，人们不可能只生活在两维四象的平面里，所以必须提升到三维的境界。

2. Z 轴：八卦的空间描述

三维，或者说三个坐标才能定义空间。所以，平面四象必须演进成立体的八卦，《易经》的理论结构才算完成。四象图的 XY 轴确定的平面，只是人类为了讨论问题方便的一种假设，真实的世界，永远是立体的，只有 Z 轴的出现，空间描述才算完成。

四象生八卦之后，四个象限变成八个象限，则整个宇宙间的万事万物，均涵盖其中，于是“刚柔相摩，八卦相荡”，刚柔三维出八卦。

四象之中的老阳，是在第一象限，老阳是由两个阳爻组成的，在

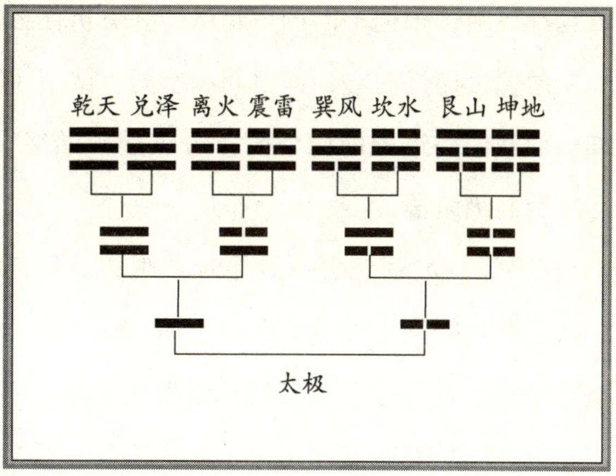

此两阳爻之上，再增加一个阳爻，即是八卦基本卦的乾卦，再增加一个阴爻，则是八卦基本卦的兑卦。此种推演过程，即是在XY轴确立的平面象限基础上，增加一个Z轴的正负取值，由平面几何变成立体几何，即由平面四象，衍生出了立体八卦。所以，八卦基本卦都是三爻的。

同理，老阴衍生出艮卦和坤卦。此推演过程，既体现了《易经》理论结构的发展脉络，同时也有清晰的层级，是一个严格的演绎体系。即便以当代科学或哲学知识去考量，也仍然具有亘古未变的合理性，所以我们前面就论述过，《易经》思想体系的成熟度，是不世出的人类成就。

八卦代表的八个象限，可以描述整个宇宙空间。从另一个角度看，《易经》以其符号丰富的涵摄性，用八个象限，把宇宙万物宏观地加以归纳，分成了八类，然后用八卦的八个符号去代表这八类事物。此种归纳，是从太极开始，严格按照逻辑步骤推展，1－2－4－8是一个严谨的数学结构，至八卦基本卦定义完成之后，再以基本卦作为两仪之一，两仪对立，即两个基本卦不断对立相叠，出现了八八六十四卦的全卦。

3. 八八六十四卦：归纳一切管理问题

以基本卦作为两仪之一，不断对立而生出八八六十四卦。这两仪的选择界定，根据不同的事物认知和分析任务，有所不同。

两仪可以是时空，即时间和空间，或曰宇宙和世界；可以是内外，如前面我们讲述的内阳外阴；可以是“始终”，如前三爻初级阶段和后三爻高级阶段。

《易经》的理念之一就是时空观。对任何事物的考察和描述，都以时间和空间两个维度去观察，所以，一个八卦的三爻对于定义一个事物来说，其实还是不够的，或者说是不圆满的。因为事物不是绝对静止的，而是发展变化的，是生生不息、循环往复的。所以，在确立了 XYZ 轴体系的前提下，还要增加过去、现在、未来三个时间标记来考察，这才符合《易经》变易发展的思想。

八卦基本卦是三爻，可以描述整个空间，但《易经》六十四卦的全卦，都是有两个基本卦组成的。这样两两一组，形成的六十四卦象，每个卦象都有六爻，每爻都阐释了不同的卦德，即阐释不同的道理。而对于任何一个具体事物，必须以六维观之，方才全面，即六面成体，才能彻底看清事物。

对于从事过工业生产，或者学习过机械制图的管理者来说，六面成体的道理极其浅易。六维图，或者叫六面视图，是描述事物的基本方法之一。比如企业申请一种造型专利，就要提交六面视图，将来万一出现专利权效力或侵权争议，就可以六面视图去认定，而不至于模棱两可。

八卦基本卦两两相叠，排列组合出八八六十四卦，至此，“引而伸之，触类而长之，天下之能事毕矣”。

这相当于一阴一阳之间，先以八卦基本卦为阴轴，为内卦，再配以阳轴，即八卦基本卦中的一卦，为外卦，一阴一阳、一内一外的两两组合，由简入繁地完成了对世界万象的六十四类归纳。

【六】

企业管理的四大方法

关于企业管理的方法，有各种各样的流派、观点和无数的管理工具，但迄今仍然是“头疼医头，脚疼医脚”。这种局面一直未得到改善的重要原因之一，就是很少有管理学家仔细研习过《易经》。这并非因为管理学家的无知或轻狂，而是一些利用《易经》进行招摇行骗的人，严重败坏了《易经》的名声，使人们在进行管理学研究和讨论时，谈“易”色变。

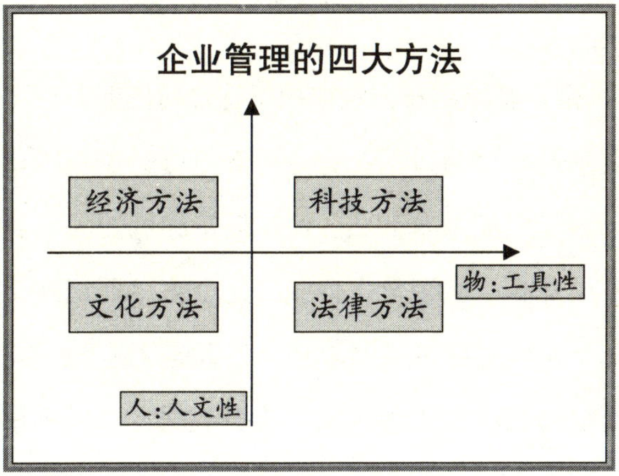

以科学理性的态度，对《易经》及其哲学理论架构进行解读，对当代管理者来说，确实有着巨大的启发作用。达尔文说，最有价值的知识是关于方法的知识。培根一生并无具体的科学发明，但因其《新工具论》提出了科学实验的方法、理论，结果，培根反而被称为西方自然科学的鼻祖，这就是关于“鱼”和“渔”的故事。企业管理的四大方法，根据“一阴一阳之谓道”的四象图原理，分别是老阳的科技方法、老阴的文化方法、少阳的经济方法和少阴的法律方法。这是管理方法论体系的基本架构。

1. 老阳：至阳至刚的科技方法

科技方法，即将科学实验的方法和科学技术的知识应用于企业管理中，这是西方管理的看家法宝。科技方法是最阳刚的，即便是柔性管理、人性化管理做到极致的企业，化工车间里不能抽烟、进入工地要戴安全帽等仍是不可动摇的铁律。你如果拿客观规律开玩笑，客观规律就肯定也拿你开涮。

运载火箭送人造卫星上天，场面令人激动之极。我们看电视转播，解说员会随着工程进展播报"35 秒，第一节火箭脱离"等。此时的时间计算，一定是 35 秒，而不会像有些评书中的表述：大约一炷香的工夫。

这 35 秒与一炷香的区别，就是科技方法应用于管理的例证。

有一次我开车路过北京的一个路口，看见一名交通协管员在路口一边张望，一边在一个小本子上记录着什么。停车等待绿灯的时候我和他打了个招呼，问他在忙什么。协管员告诉我，这个路口要调整交通标志线，于是，设立几条左转车道或直行车道，以及是否应当设立左转加直行的车道，需要他每天在此采集 4 次车流量数据，以供决策者参考。

这就是实证主义的管理方式，也是科技方法在管理上的运用。

科技方法是西方数千年积累完善的管理方法，其思想起源大致分为三个阶段。远溯是亚里士多德的形式逻辑，建立了比较完善的"由此及彼"的人类科学推理模式，这是科学技术的思维工具。中溯是培根的实验方法，即"新工具"理论，提出了系统的实验方法，众多科学家都是照此方法，逐渐发现了氧气、微生物、化学元素等。近溯，则是以弗里德里克·泰勒的《科学管理原理》为标志，终于实现了

"科技导入管理"的革命性变化，并因此提高了劳动效率。

泰勒的科学管理方法，是从动作分解、实证测试以及秒表计时开始的。泰勒无法忍受无效率的工作现象存在，于是手持一个秒表，详细测量生产中每一个作业活动所需要的时间，仔细分析其中哪些动作合理，哪些应当改善，及工具应如何改进，以配合动作效率等，之后，以秒和厘米为单位，核算出最有效率的动作，并以标准化方式将之确定，要求所有工人按此执行。如此，则人的动作如同机器一样精细、准确，不会浪费时间和体力，使得生产中的时空衔接匹配都十分协调，资源利用效率极高。泰勒管理方法一经推出，就被迅速普及到企业中去，美国也因此迎来了工业生产的"摩登"时代。

科技管理方法的四大要素

至阳至刚的科技方法，是提高生产效率的绝招，迄今已经浸淫到西方管理的所有环节。老阳象限的这种管理方法，其核心在于四个词汇：

第一是分解。想要实现一个目标，必须确定先要做好哪几件事情，把所有的管理目的皆予以分解、分析，并辅佐使用鱼骨、树状等图形工具。

比如，把大象放进冰箱，需要几个步骤。这个问题表面上看起来很滑稽，其实内含了科技管理的思想成分。我们不应该先凭主观经验去判断此事是否可行，而应以严肃的科学的态度，分析出应有的步骤方案：第一，打开冰箱门；第二，把大象放进去；第三，关上冰箱门。

所有的管理事务，但凡事先可以预期和安排，均以上述操作手册的方式予以明确。从麦当劳员工配餐顺序，到通用电气董事会的开会流程，动作顺序和内容均清晰可知，那么管理者当然就可以有效授权。相反，动作模糊，仅要求结果而不控制过程，管理者就难以确定目标、预期结果和控制过程。缺乏精确的工作分析和工作描述，管理者永远不会有效授权，只好和企业一起“过劳死”。

第二是实证。管理行为的安排，自然不能主观臆断，也不应该仅仅以资历较深者的个人经验为依据，而必须以科学实验的结果为准。

把大象放进冰箱，事先必须经过科学的测量，大象体积多少，冰箱容积几何，放进去的好处和不良反应，均以实验报告的方式归纳完成，于是才能决策是否实施此计划。此间，即便是董事长幼年时曾经有过成功将大象塞进冰箱的经验，也不能作为依据，因为个人经验不足以替代科学报告。

同理，一个路口如何设立交通标线，不应该是交管局领导拍脑门决定的，必须经过实证测量，以科学报告为准。当前中国城市中严重的车辆拥堵现象，与其说是机动车数量暴增的结果，不如说是管理缺乏科学手段的产物，并因此浪费了巨大的社会成本。

第三是数字。西方科学管理方式几乎就是秒表加天平的方式，凡事都要测量，都要演绎成数据，甚至连人的智商、气质，都可以换算为具体的数值。乍一看，感觉有些可笑，细思量，才发现其实高明之极。

数字化的最大好处，就是清晰、稳定、明确。数字虽然与事物的本质可能存在一定的误差，但这是另外一码事。先有数字为据，令一切可以预期，自然可以提高执行的效率和增加结果的稳定性。

比如做菜的操作手册，最后一道工序假设是放盐。甲菜谱要求放盐少许，乙菜谱要求放盐三克，二者在执行时的差别就甚大。

甲菜谱要求放盐少许，就会让厨师摸不着头脑，只能凭借个人经验，大概放些盐进去，是咸是淡，只有当客户不满时才知道。因为“盐少许”是一种非定量的主观标准，对于卖盐的商人来说，一吨也是少许；对于高血压的病人来说，十克就多的不得了；而“盐三克”就是一个客观的定量标准。厨师放盐时，通常不使用天平，所以其实际操作，也许较三克略多或少，但至少他心里明确地知晓这个法定标准，才尽量去趋近管理的要求。否则，即便厨师再敬业，但由于缺乏明确的指示，工作就很难做好。

第四是标准化。所有通过实证、测量、数字分析的管理成果，都通过标准化的方式被确定下来，成为企业的“内部立法”，并以数据对该标准的执行情况予以考核，至此完整构成了西方科学管理方法的系统。

标准化使管理上的成果可以顺利地得到复制。易言之，对任何一个企业来讲，所谓核心竞争力的根本，就是“复制原理”，即成功经验能够被内部各部门不断复制，而企业的这种竞争能力，竞争对手又难以复制。内部要不断复制出成功经验，必须依赖标准化管理。惟其如此，一个岗位的动作才清晰可知，所需条件支持，所有过程配合，一切脉络明晰。即便更换一个操作者，按照标准动作流程照样可以干得很好。熟练工与新手之间的差别会很小，只有这样，生产效率才可以稳定预期。

培养科学管理精神

科技管理方法的使用，大大提升了生产力，使得自然资源能以更快的速度转化为工业产品。

科技管理造成的直接后果之一，可能是当初的提议者始料不及的，即人类社会发展由此走上了生产过剩的阶段。从当初有需求但生产能力不足，演变成生产过剩但找不到销售的市场，于是才有了我们前面讨论过的营销对销售的颠覆。

中国当下最紧要的任务就是培养全民的科学管理精神。拥有上千万资产或数十亿营业额的企业应该这样做，遍布城市街区的微型企业更应该这样做；贩卖炒瓜子的小贩，应该知道去测量炉温、瓜子量和最佳炒作时间，以保证产品质量的稳定；有几十个座位的餐馆，应该学习建立配菜流程和顺序的操作指引；卖馒头或者包子的个体户，要记录面粉和水的适当比例，一旦摸索出最佳的和面方案后，将之标准化，并使其可复制；等等。

科技方法是中国管理所缺乏的，我们应该顺应科学、掌握科学、运用科学，生产管理才能顺利进行。当代社会对科学管理的探索，已经远远超出了纯粹自然科学的领域。心理学、社会学甚至伦理学，都逐渐进入管理研究的视野，并因此产生了很多细分的学科领域，如消费心理学、组织行为学。

在管理上对科学的探索、对科技的运用，其实是管理者应尽的义务，因此缺乏科技管理精神的中国企业家应该补习科学精神，多做实验，使成功的管理方法能够被复制，在企业内部被广泛运用，企业也不会因人事变动而处于动荡之中。

2. 少阴：中规中矩的法律方法

少阴方法是法律方法，其主要表现是企业的规章制度，其中包括各种操作手册，这是企业秩序存在的载体，也是科技管理方法能够贯彻的前提。

明确提出企业管理的法律方法理论的主要有两个人，其一是19世纪的英国经济学家安德鲁·尤尔，他在《工厂哲学》一书中认为所有工厂都应该建立一套“内部立法”，才能保证生产秩序和效率。其二是著名的德国政治经济学家和社会学家马克斯·韦伯，他在社会、宗教、政治、经济、管理等诸多领域均有一定的学术成就。韦伯从组织管理的角度论述了企业法律管理的必然性，明确提出了系统的官僚层级制管理理论。

法律即秩序，为社会群体设定一种行为模式，其具体方法有三步：第一，定义每个点，即每个主体的权利责任；第二，界定点之间的结构，即点与点之间的位置、比例；第三，确定点的运动方式，即各主体之间的指挥权及工作流程。

企业内部都存在着一种秩序，即便是非常不规范的小企业，即便该企业从无任何成文的规章制度，但企业人员之间还是有默认的法律行为方式，最起码报销单据不能是个人就能签字报销，银行支票也不能谁要就随便给谁，这些问题都由企业内部的“习惯法”在管理。等将来企业经过“终日乾乾”的反思，自然会逐步建立稳定的“成文法”体系，使企业内部的行为规范逐渐固定、科学、统一。

企业存续的整个过程，其实就是企业内部立法不断完善的过程，比如，客服部门遇到一个“难缠”的客户投诉，应对的员工素质好、能力强，就能稳妥圆满地予以处理，如果应对的员工缺乏训练或者经验，可能因此就给企业带来了一次危机。现代企业当然不允许如此不确定的情形存在，于是，管理者以科技方法为基础，设计出科学、精确的操作指引，并要求相关人员遵照执行。此时之操作指引，即是法律方法在企业管理中最重要的作用。

法律管理方法的使用与推广，需要我们补习法律常识，另外非常重要的任务就是管理法律的创设和发展，比如法律规则原理、法律效用原理，以及法律价格原理，等等。概而言之，法律方法所规定的是企业的一种基本秩序。另外，企业管理的四大方法之间，彼此之间存在着相互支撑的关系，以科技方法取得管理成果，通常需要通过企业立法的形式，将其转化为具有强制力的企业行为模式，否则不可能达到标准化的程度。

3. 少阳：分配利益的经济方法

少阳的经济方法，是一切管理存在的前提，如果在企业管理中这种方法缺失或者无效，那么企业将无法持续经营。

经济方法是最古老的企业管理方法之一，人类社会自从出现了企业这种社会组织形式，经济方法就开始使用。因为经济方法的本质是经济利益的分配，所以，它是企业管理的核心问题。

企业家一直在不断地探索经济方法的各种适用方式，如计时工或计件工，年底双薪或期权，发展至今，经济方法已经成为企业人力资源管理中最重要的组成部分，薪酬制度的设计和执行，对企业效益有着利害攸关的影响。当前，经济方法的运用主要围绕着两个核心进行：一是绩效挂钩，以此激励员工，当然，这种激励是奖惩结合的，是一阴一阳的；二是利润共享，直接将员工利益与企业利益捆绑在一起，花红和期权是其中的主要手法。

但经济方法的运用，并非说起来那么简单，而是需要企业管理者具有非常强的管理能力。只有以法律方法为基础，设计合理的绩效政策及管理秩序，经济方法才能在企业管理中发挥应有的效用。如果只是以老板的好恶为标准，反而会离间整个企业原本就有的整合能力，得到的是花钱不讨好的结果。

只有四大方法相互支撑，尤其是法律方法与经济方法互补充，才能使管理到位。法律方法执行得再好，也必须有经济奖惩做后盾，方可贯彻有效；经济方法的运用自然也不是肆意的奖惩，必须以法制方式厘清表明，才是稳定有效的奖惩制度。

4. 老阴：至阴至柔的文化方法

一阴一阳之谓道，科技方法是至阳至刚的，文化方法就是至阴至柔的，这是老阳和老阴的对立统一。

虽然泰勒的著作为《科学管理原理》，但由其开创的科技管理方法，并不一定就是最科学最接近真理的管理方法，这是“名可名，非常名”的道理。科技管理手段适用于物，可能相对比较科学，但适用于人，就不一定科学了。中国人了解科技方法，不是从企业界开始的，而是从娱乐界开始的。电影大师卓别林主演的《摩登时代》，给我们展现了科技管理方式下“人被机器奴化”的悲惨境地。实际上，从泰勒提出科技管理理论以来，就一直存在极强劲的反对声音，甚至美国国会曾经立法，要求企业管理者不得使用秒表管理工人。大力推崇泰勒管理方法的福特汽车生产流水线，曾经创造每岗位年均流动 3 人以上的记录，即某一高强度的工作岗位一年之内至少使三位员工因不堪重负而辞职，以至于福特先生不得不采用“重赏之下，必有勇夫”的高薪策略，以保证关键岗位的员工队伍稳定。

科技方法提高了生产效率，却淡漠了人的尊严，所以，在洛克菲勒基金的支持下，霍桑工厂开始探讨人在管理中的能动作用。今天可以使管理者达成共识的是，真正的科学管理，必须要从物和人这两个角度去考虑，而所有对人的管理方法中，性价比最高的永远是文化方法。

因为科学技术再高明，也不能穷尽约束人的行为，管理不可能实现事先预期到、设计好人的所有行为，于是，人的主观能动性，通常反而是最终的决定因素。但人的主观能动性如何，却不是机器可以生产的，而必须以文化方法培养和激励。科技使得生产力进步，最终的产品却必须销售给人类社会，当企业与外界进行商品交换的时候，交换本身就是一种文化行为，是一种社会交往。届时，一线员工的一个真诚的微笑，其经济效用可能抵得上企业之前购进的一台先进设备。

在企业管理中，科技的管理方法，需要领导者的技术意识、科学精神、科学思维，这些都是可以培养的，有较为明确的规律可循。运用文化的管理方法，则需要领导者的智慧，是更难培养的一种领导能力。

文化方法在管理中的作用，从法国管理专家亨利·法约尔开始，经过著名的霍桑工厂实验，以及日本企业的尝试，迄今已被多数管理者所认可，其中的核心要义，就是纠正科技管理方法所带来的不良反应，即过于阳刚所带来的不良后果。

经济人假设，是至阳至刚的科技方法的理论依据，简单说就是人都是为了钱卖命的；社会人假设，是至阴至柔的文化方法的理论依据，意思是说人终究是人而不是物质，人性是需要尊重、关怀的，对人的管理，有不同于机器的另一套科学规律。《易经》管理哲学认为，老阳和老阴彼此借鉴、综合运用，才是企业管理的真正科学方法。

文化方法的运用，首当其冲的就是企业的价值观，也可以叫愿景，其核心在于企业对自身禀赋和使命的认识，通常需要企业家根据本企业的实际情况，深思熟虑、集思广益之后来确定的，而不是照搬文摘，说些诸如“以人为本”等不痛不痒的话。比尔·盖茨两次提出的企业愿景，其实对企业家颇有借鉴意义，一是创始之时的“以我为准”，我们在前面已经讨论过了，二是“亢龙有悔”阶段的微软，重新提出的企业愿景，即“你的潜能，我的激情”。其含义在于，只要客户尚有潜能未充分发挥出来，微软就要提升产品和技术，帮助客户发挥潜能，一起走向未来。客观地讲，这是一个不可能完成的任务，却也给人无限的激励和万丈豪情。

文化方法运用之二，在于设计文化色相，或曰标识符号。招贴广告也好，提炼为企业口号也好，统一制度也好，制定文化手册也好，总之是制作出各种各样的物质载体，让企业员工可以随时随地学习，随处感受企业的文化，增加员工的归属感和认同感，强化员工对企业的认同意识。

文化方法运用之三，在于给企业设定符合企业文化的行为方式。所谓企业文化，本质上就是企业作为组织的魅力，是法人人格的体现。企业决策者认同的伦理观、价值观，必须以企业人的行为体现出来。

上面提到的物质载体，包括企业标识也好、文化手册也好，如不以科技方法为支撑，则内容就不一定是合理的，不一定适用于企业；如不以法律方法为支撑，则物质载体本身就会流于形式，所谓文化建设，也只是说说而已。

比如，企业倡导员工之间的有效沟通，这是企业文化的核心事项之一，必须以法律方法进行量化管理。比如，每周一次 CEO 与员工班组长代表的工作午餐，任何人无故不参加，就要被扣除一周的薪水；又如，企业倡导员工提出合理化建议，这是企业与员工共享进步的理念，那么员工每季度必须提交书面的管理意见和建议，就应当作为绩效考核的一项内容。尤其是企业中层管理者，更要承担起这项法定的职责。

管理良好的企业，通常都有一个共同的特征，即企业的法定权威与文化权威是一致的。所谓法定权威，即依据投资关系或者企业层级制度，确定你的职位，比如你是企业主或者 CEO；所谓文化权威，则是依据非正式的团体遵从程度以及对企业文化的认同度，比如你同时又是企业的精神领袖，如此“政教合一”，才是稳定有效的权威角色。

这种局面是由科技、法律、经济等管理方法相互综合，最终升级到文化境界的企业才能形成的。

【七】

管理的系统原则

企业界和管理界曾经热议过一个题目，叫东西方的管理方法哪一个更好。

如果这是大学辩论赛的题目，应该是挺不错的一个命题，因为这个辩题可以让参与者充分争论，且又没有统一的正确答案，是锻炼辩论技巧和启发辩论思维的好题目。但如果拿到企业界和管理界来讨论，这就纯属画蛇添足。

东西方的管理方法哪一个更好，正确答案有两个，一是与企业特征相匹配的更好，二是东西方管理方法，一个都不能少。

老阳、老阴、少阳、少阴这四大管理方法，形成的是一个完整的管理方法系统，条件要素齐全和时空匹配，这是管理系统论的基本原理。

企业管理的四大原则，分别是效率原则、系统原则、权变原则和人本原则，在使用上述企业管理的科技、法律、经济、文化方法的时候，尤其必须坚持系统原则。

所谓管理的系统原则，其核心内容非常简单，可以用两句话概括，一句是亚里士多德多所说的“整体大于部分之和”，一句是“一个都不能少”，是前几年一部电影的名称。

1. 整体大于部分之和：1+1>2

中国人使用的筷子，就是1+1>2的典型案例，两根筷子放在一起使用，当然大于两根筷子分别使用的效用之和，因为一双筷子是“系统化的筷子”。同理，系统化管理工具的出现，才真正使科学管理方法和近代科技成果焕发了活力，其典型代表就是福特的T型车流水线。

1+1>2，这是系统论的第一原理。管理者必须注重系统论，经过管理组织，必须使企业的各种资源发生革命性变化，增加资源的价值，这才算是有效率的管理。同理，管理四大方法的综合运用，自然比单独应用某一种方法效用要大得多，因为四种方法之间相互支持和支撑。

比如，店员迎接客户进店，微笑着说“欢迎光临”，这是服务行业常见的场景，但如此简单的一句问候，其实是企业管理四大方法的综合凝聚。此种问候，本身属于文化内容，是应当展示给客人的一种礼貌。但这种企业文化，又是有科技方法支撑的。该说什么，不该说什么，什么时候说，怎么说，一切都有操作规定可循。种种操作规定就是实证分析和管理设计的结果，并将这些科学内容赋予法律的形式，成为企业规章的组成部分，而规章制度连接的是相对应的经济后果，有了奖惩机制，规章才算完整。

一句“欢迎光临”，涵盖了四大方法的综合运用，正是企业管理秩序和方法体系的成熟体现。由此可知，成熟企业重视入职员工的培训，是希望员工熟习企业管理的“方法环境”，因此才可以使其个人行为与组织行为匹配融合。

2. 一个都不能少：2-1=0

两根筷子合用，是“系统筷子”，可以帮我们品尝山珍海味；两根减少一根，剩下的一根就不具备筷子的用途。这也就是说，具备两个必要条件才能成就一件事情，缺少其中任何一个条件，任务就无法完成，最后结果就是零。这就是管理系统论的第二原理，即一个都不能少。

一个都不能少的道理，我们可以用一则流行的管理寓言来说明。四大管理方法就相当于围成一个木桶的四片木板，最终木桶盛水的多少，取决于最短的那块木板的高度。假设缺少一块木板，整个木桶也就不存在。大道相通的是，在企业管理中，有科技化的定量却未确定为企业规章，有企业规章却并无经济奖惩后果，有薪酬制度却从来不给员工起码的尊重，这就是管理方法系统性的缺失。

比如店员对顾客所说的“欢迎光临”，如果任由员工自己选择时机、问候方式和问候语，也许符合待客的道理，但也许不符合，于是事情就变得不确定，而不确定因素会给企业带来不安全，也必然要增加管理成本。

四种管理方法科学配比使用，就能产生整体大于各部分之和的效果，四方法之中的任何一种方法运用得差，就会产生“乘零效用”。前面的数值再大，最后乘以零，结果仍旧是零。

现代社会有很多系统化的工业产品，其中典型的代表就是汽车、飞机和商品房。一个商品房项目的运作，需要高质量的系统组织，至少涉及上百家企业及数十个政府机构，是一系列复杂的契约组合，尤其是政府和资本支持这两大要素，缺少一个就会等于零。普通市民号召起来合作建房，其行为可以理解和同情，但此种模式，直接破坏了现代社会经济分工的原理，难以完成系统论要求，自然是命运多舛，不如各守本业，努力经营，也许买房机会反而更大。

当然，企业管理的四大方法，以及两仪四象的管理分析，如矩阵图等，均非刻板地按照一比一的比例进行。根据不同的企业特征、产业特征、事物特征，四象限各自所占比重自然不同。《易经》主张应该匹配、和谐、中庸地看待问题，于是，在XY轴的四象之后，中间插入的Z轴调整四个象限，最终出现的排列组合，才是正确的答案，这是管理方法中四象生八卦的过程。

至于这Z轴调整程度的把握，自然视企业情况不同而不同。转炉炼钢，就要按科技方法严格执行，才能保证产品的质量；动漫创作企业，则员工上班无需打卡，穿着睡衣在家里干活都可以，只要把创意拿出来，就是完成了绩效。Z轴的赋值定义，涵盖性甚强，管理分析中，根据不同的四象图，以及确立的不同的XY轴维度内容，则Z轴定义自然不同。对波士顿矩阵而言，第三维可以是支持程度；对SWOT分析来说，第三轴应以内外定义为妥，即优势、劣势、机会、威胁，都有内外因素之分，都有可控和不可控的区别。

第四章 《易经》的四大管理理念

从本章开始，我们进入了《易经》研习的高级阶段，即乾龙周期六爻中第四爻所处的位置。要对《易经》思想进行较高层次的把握，必须了解《易经》管理哲学的四个核心理念，即时空观、得失观、中庸观和占卜观。

在这四个核心理念中，时空观最为重要，是《易经》宇宙论的核心，也是一切管理理论的出发点；得失观体现着吉凶悔吝、虚实空有，是企业管理取舍智慧的集中体现；中庸观体现均衡、匹配，提醒管理者在管理中要注意分寸；占卜观是领导力的核心，也被俗称为预测学，最令世人好奇。

四大核心理念构成了《易经》管理哲学活生生的灵魂，既贯穿于《易经》全书，也对今天的管理有着巨大的启发和借鉴意义。

【一】

时空观：管理思维的出发点

前面我们讲述了乾坤两卦从管理的角度体现出的企业生命周期和

辅佐者管理使命的内容，两卦自初爻到上爻，都描绘了事物演进的过程。在不同的演进阶段，这两卦都告诫我们应该注意哪些问题，应该如何履行我们的管理使命。这种演进主义，就是一种时间观念的体现。

我们研习否泰两卦的时候，又注意到乾坤上下位置和主客关系的不同，以及二者之间沟通发展的趋势，这种位置、关系以及趋势，就是一种空间概念，是结构主义的体现。

《易经》从本经卦画开始，以及对应的文字解说，都强调时间和空间无时无刻地和谐匹配，如此才是吉祥的，这是《易经》时空观的体现。

所谓时空，意即时间和空间，也就是宇宙。“宇”代表上下四方，即所有的空间，“宙”代表古往今来，即所有的时间。

总之，世界万物纷杂变化万千，但如果用最抽象、最凝练的词归纳起来，可用时间和空间两个维度，予以表达和确定，这就是《易经》管理哲学“一阴一阳之谓道”的一种推演。

任何管理都必然是一定时空范围内的管理。以《易经》时空观的角度来看企业经营，可简化为两种形式：一是从甲地购进产品，到乙地卖出，这是做的“空间”生意；二是此时买进，彼时卖出，这是做的“时间”生意。商业社会产业繁多，交易形式千变万化，但不外乎都是这种时空的不同组合而已。所以，空间、时间组合是管理哲学中非常重要的三个考量维度。

1. 空间：优先安排结构

同样是三个阴爻和三个阳爻，资源完全一样，但由于阴阳爻所处的位置不同，就产生了否泰之分，这是资源结构不同所产生的结果。

《易经》空间观的核心，是一种结构主义，强调要素的位置、结构、关系、比例，都应当均衡匹配。结构分布合宜，就是空间的美。这就好比每一家企业都拥有一些资源，而企业管理的使命，就是把这些资源安排好，帮助企业提升价值。而同样的资源，根据管理者组织能力的不同，发挥的资源效用自然也是迥异的，正因如此，当代社会才对企业家的管理能力予以充分的重视。

资源效用：拥有不等于利用

通常情况下，企业的成功，不在于拥有多少资源，而在于利用了多少资源。当然，也有特例，某种资源确实太稀缺，拥有就等于成功。比如政府规定全社会只准许我一个人写书，获得这样的行政许可资源，即便我是个傻子，只要不断地敲击电脑键盘，也能通过“创作”获得商业利润，因为著作权只保护个性，不保护品质，这是法律原理。

理性的管理者肯定会认可这种观点：对资源的利用能力、组织能力，决定了企业的兴衰，而利用资源最核心的问题，就是资源结构是否合理、利用步骤是否科学。

从战争论的角度来理解，把正确的兵力资源投放到正确的位置，兵力的效用才能充分发挥出来，所以战争绝不仅仅是比较资源数据，而是比拼组合能力。从下象棋的角度讲，事情就更明晰了，开局时双方布阵完全一样，不存在任何资源的差异，但最终不一定能出现和局。从需求的角度看，正是因为人类需要研究同样的资源应当如何配置，才能发挥更大的效用，于是才出现了经济学这个学科。

结构合理，是无数管理者终生追求的目标。所谓管理的使命是服务，其实就是说如何调动安排企业资源，令资源本身具有的效用能够充分发挥出来。在《易经》的卦象中，尽管只有阴爻阳爻两种资源，但却精彩演绎了六十四卦。每卦之间，资源差异很小，经常只是一个爻位的区别，但是整个卦德就有了颠覆性的变化。

空间:结构

- 结构不同。
- 位置不同。
- 关系不同。
- 比例不同。
- 资源效用不同。
- 系统论。
- 组织管理之必要。
- 大道相通:营养不良问题。

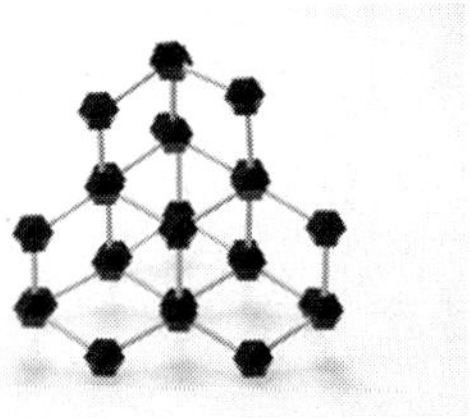

结构合理，主要靠均衡、匹配来达到的，也就是说合适的资源是否处于合适的位置，用《易经》的语言来说，就是当位与不当位的区分。

比如，在富饶的江浙地区，某地居民产生了“营养不良”的问题。经过仔细了解后，才明白原来当地居民常年仅食用鱼虾等水产品，偶尔吃些蔬菜，膳食结构中严重缺乏杂粮所包含的微量元素和矿物质。换言之，此种营养不良，是饮食结构不合理造成的。

同理，“人才高消费”的观念，在企业界也着实流行了一阵。本来只是招聘一个打字员，却也一定要在招聘启事上明确要求硕士以上学历，打字速度每分钟 100 字以上，以及貌美如花云云。打字速度为岗位工作所必需，是当位的，而硕士学历自然与岗位工作的复杂程度并不匹配，是不当位的，貌美如花则更是就业歧视的表示。打字员既非做明星也非当“小蜜”，容貌要求“否”之甚矣。

企业治理结构，强调的是股东与经理人之间的支持与牵制；企业薪酬结构，需要在成本与员工激励之间，不断寻找适宜的平衡点；产品结构和营销手段的恰当组合，更是企业安身立命、生存发展的必修课。只有把结构安排好，才能提高资源利用的空间效率。

结构问题贯穿企业管理的始终，诸如法人治理结构、产品结构等，不胜枚举，不仅微观经济如此，在宏观经济中，结构问题更为重要，诸如产业结构升级、外汇结构调整、社会财富结构的均衡，等等。可以说，全社会天天都在忙“结构”调整。

总之，同样的资源，如果结构不同，位置不同，关系不同，比例不同，那么资源效用就不同。结构其实与管理系统论理论密切相关，符合系统论的结构要求，才是当位的结构管理。

只要存在资源配置问题的管理领域，都应当恪守结构主义理念。比如领导班子结构，唐太宗的一阴一阳就是很好的范例。我在机关工作的时候，一位同事晋升很快，其实也是搭了结构主义的便车。这位同事工作能力中等，但恰好是“无知少女”，即无党派人士、知识分子、少数民族、女性，此人进入领导班子，一下子满足了若干个结构考察的指标，属于该细分市场领域内的稀缺人选。

同理，企业也要经常考量一下其所在的市场结构，并用结构分析的方法，预测一下市场格局及未来走向，此所谓“好谋而成者也”。

上下虚实之间：中层处境困难

否泰两卦的全卦都是六爻，我们以上面两爻代表企业高管，中间两爻代表中层管理者，下面两爻代表基层员工，从卦象来看，则上下虚实之不同，否泰鲜明。

高层管理者务实、基层员工务虚的企业属于“否象”。高层管理者整天忙个不停，对任何事情都指手画脚，事必躬亲，而基层员工却只是务虚，不能全力以赴地工作，不得不应付的差事才去敷衍一下，这样的企业自然不久就会关门。

基层员工务实、高层管理者务虚的企业属于“泰象”。员工埋头工作，扎实贯彻高层管理者布置的工作任务，至于工作安排是否合理，或者工作内容是否清晰、科学，这不是员工需要负责的事项。员工只要能务实，对岗位勤勉负责，就是企业的“大人”；高层管理者反而可以务虚，只要把战略制定清楚，把手下人员安排好，他们就可以闲云野鹤，爬爬喜马拉雅山，找巴菲特喝点小酒，去清华侃侃大山。因为高层管理者最重要的使命，是管理境界的提升，是具有洞察市场与人性的创新能力。高层管理者和员工如此分工的企业，才是“尽己之性尽物之性”的企业，说明企业中的人都当位。

但不论是否还是泰，企业的中层干部都是最辛苦的。因为他们一直处于虚实之间、阴阳之间，承上启下。中层干部需要做具体的务实工作，不但上班时不能去旅游登山，通常还要和工人一样准时打卡，更要承担一些资源配置、人员调度、程序安排的管理工作，即管理好一个部门、一个团队。所以，一个运营良好的企业，肯定会十分重视中层干部的培训，因为他们既是高层管理者意志的执行人，又是基层员工的领导者。中层干部自己接受培训之后，还能继续培训基层的员工。

管理一个团队，其管理思维与管理好整个企业，或者说管理好个人生活事务之间都有类似之处。简言之，管理一个团队，实质等于管理一个企业，更何况大型企业集团中的一个团队，其规模往往不亚于一些中小企业，其中协调、沟通等事宜，都是非常复杂的管理事务。

综上所述，企业中层干部的处境其实是最难的，但他们在企业中的位置也是最重要的。对他们来说，处于“九三，终日乾乾”的位置，是阴阳交织、不进则退的位置。否泰之间，高层管理者和基层员工，都可能是阴的或者阳的，只有中层干部永远是阴阳交织的。概言之，企业是否是泰，很大程度上取决于中层。

2. 时间：合理利用环节

《易经》管理哲学的时间观，其本质是演进主义的，比如乾龙周期。而演进中的核心要素，主要是阶段和环节，此两要素构成了时间流，或者叫流程。

前面论及的中层干部问题，如以时间演进考量，也是每个人学习的过程，从初爻到三爻的初级阶段，基层员工的学习必须务实，具体的操作技能是核心学业。高层管理者的学习，则以务虚为主，身边带着本《道德经》，或者听名人侃侃领导力，其目标在于获得哲学启发，而非具体的管理手册和管理答案。中层干部的学习，则必须虚实相间，并且由实入虚，由大量的具体操作技能培训上升到系统管理思维和管理方法层次的学习，这才是“泰”的演进。

时间对于企业和企业主来说都是稀缺的资源，因为时间一旦被配置在某件事情上，就肯定不能再配置于别的地方，这就是时间的机会成本。并且，时间配置之后没有挽回的余地，不能把表调回来重来一遍，所以“子在川上曰：‘逝者如斯夫’”。

因为时间的单向性，以及时间成本的不断增长，最近几年，越来越多的企业开始重视时间管理，管理者越来越清楚时间是企业最珍贵的资源。

时间管理，首先应当重视的是阶段。不同的时间段落，如何去安排应用，这是相对静态的计划；时间管理，也要重视流程，前后顺序是否正确，这是动态的思考；时间管理，更要重视动静之间的衔接，环节管理好，从前到后才能顺畅进行，从后到前才能检讨分析。

只要有环节，就有管理智慧发挥的机会，上下工序衔接，制造与销售衔接，生产与消费衔接，这中间才出现了无限商机。在某种程度上可以说，对环节研究的是否深入，对环节控制的是否高明，是企业竞争中最核心的要素。毕竟除了个体企业之外，多数企业的人员构成和经营事项，都是“接力跑”的形式。

环节的衔接，会产生落差和匹配问题，有环节就有生意，但多数行业却未予以足够的重视，而环节中的商业智慧和潜藏的利润，是值得企业管理者深思的。

比如，对于多数企业来说，花100元进货，再以100元卖出，这中间就无利润可言。商人常说“杀头生意有人做，赔本生意没人做”，所以，像这类100元进、100元出的生意只能说是慈善事业，并非商业。

但是如果我们能够深刻理解《易经》管理时空观的环节原理，可知这样的生意并非不存在。比如，最适合从事这种“平价买卖”生意的就是石油零售企业。加油站在批发汽油进货的时候，是以吨计价的，以重量为计量单位，而加油站在零售的时候，是以升计价的，以容积为计量单位。消费者在寒冷的夜晚去加油，或者在烈日炎炎的中午去加油，热胀冷缩之间，体积会相差3%到4%左右。

于是，从批发环节到零售环节，从重量到体积之间，大自然的客观规律就恩赐给企业几个百分点的“环节增殖空间”。即便加油站平进平出，中间一分钱不赚，照样可以有利润可得。

对去加油的每个顾客而言，一箱油最多也就是损失10元钱，不值得投入成本一再挑选最好的加油时机。但对于加油站而言，经年累月的话，获得的利润将会非常多。

据说现在油商之间，比如油轮、油库之间的结算，已经普遍使用新的环节测量技术，以避免“环节差价”的出现。此细分市场就被称为“过程测量行业”，是典型的时间生意。

3. 时空组合与转换

把优秀的兵力资源配置到正确的地点，这是战争管理的终极使命，但这个正确的地点，不能仅仅以空间衡量，还必须加上时间维度。

“一阴一阳之谓道”，时空两仪，好的资源在正确的时间被配置到正确的位置。

管理事务，也要按照时空组合予以安排。单独使用空间维度，或者单独使用时间维度，都是出于技术分析的安排，而不是根据管理中出现的实况。比如资产负债表，假定时间静止，考察该特定时间点上的企业资产状况，这是一种空间考量。此时的时间静止，仅仅只是一种假定，因为时间终究要变化，资产负债表也必然需要增加时间维度，其效用才能得以充分发挥。

时空组合的含义，当然也包括时空转换，这其中的道理，其实平易近人，但又精深之极。比如我这个月收入了 5000 元，但并不会采用“月光策略”全部用于消费，通常会拿出部分进行储蓄，或购买基金。这是一件很平常的事情，但正是因为有了千千万万这样平平常常的时空转换，即将当前的消费舍弃，而将当前的货币收入用于未来的消费，才出现了我们今天的商业社会，即资本投资有了来源。

对企业而言，运用时空观有着很大的发挥余地，特别是在营销模式的设计上。

比如，很多人都曾经享受过的一种商业优惠，就是北京网通推出的“固话充值赠话费”活动。交易模式是购买 100 元话费充值卡，充值成功时会得到免费赠予的 10 元钱，就等于以 100 元的价格购买了 110 元的通讯服务。此间的时空转换在于，空间上你得到了 10 元的利益，但时间上必须现时支付 100 元。简言之，此时的时空转换，即“以空间换时间”，企业宁肯舍弃一点空间利益，但换来的是现金的时间效益。

所谓促销，其实都是时空交换，最好是“预收账款”上亿，企业主该有多么开心啊！先收全款再交货，这是非常优越的市场交易条件，这种时空转换，被地产开发商在商品房预售中演绎得淋漓尽致，并美其名曰以小搏大的资金链。管理哲学上的时空组合，就是一个人财物产供销不断匹配、相互支持的过程。

在讨论否泰原理之时，提及了丰田式的“以客为上”，以时空观来检视，其实就是时间安排的原理，丰田空间现场的位置分析、定置管理以及5S原则，均是时空匹配的综合考量结果。

时空组合和时空转换的案例举不胜举，因为每一个市场行为，都是一次时空组合的尝试。比如前述日本企业的精细管理，就是对时空的精致设计，资源位置、顺序、比例、流程、衔接，丝丝入扣。据说丰田公司曾经做到其汽车售价相当于别国厂家的原材料价格之和，可见其资源精深利用的程度。

当代的管理学者，也在不断丰富着时空转换的操作方法，其中最著名的就是美国质量管理专家戴明提出的“PDCA 循环”。

PDCA 是英语单词 Plan（计划）、Do（执行）、Check（检查）和 Action（修正）的首字母的缩写，PDCA 循环就是按照计划—执行—检查—修正的顺序进行质量管理，并且循环往复，持续进行的科学程序。

比如，现在有一个管理目标，按照戴明 PDCA 循环，这个管理目标是提高产品质量，或者减少不合格品。目标既定，接下来应该制订工作计划，这个计划当然不只是决心书而已，其中必须包括实现这个目标所要采取的措施、支持资源的时空安排，以及具体的考核指标，这是科技方法的运用。计划制订之后，不是立即去实施，而是需要初步测试，对计划进行检查，通过检查找出存在的问题，用鱼骨图之类的工具再去分析出现问题的原因，然后修正计划，使之更完善，并将修正方案予以实施。最后，将本次循环的经验、教训、收获，统一整理成标准化的手册，甚至形成制度，以保证成功经验的可复制性。

比如，企业拿到了一个制作500件衣服的订单，完成这个订单的任务就是要实现的管理目标，那么在计划之中，就应该包括为此目标服务的必要的人财物资源安排，诸如设备、人力、工时、原材料等，逐一计算确认，并以数据描述记载。空间要素之外，当然也有流程安排。先后工序之间是否匹配，监督是否及时到位，等等。在执行过程中，一旦发现材料瑕疵，或者工序滞留和有空闲，则员工必须及时反馈，并由管理者立即检讨时空要素中存在的问题，重新调整资源布局和流程，记录在案并复制执行，开始新的PDCA循环。惟其如此，企业才能按照订单要求准时交货。时空匹配的程度越高，则企业生产效率就越高，这一点毋庸置疑。

大道是相通的。如果我们把戴明的PDCA循环与乾卦六爻相比较，那么PDCA循环大约相当于潜龙勿用（计划），见龙在田（执行），终日乾乾（反思）和飞龙在天的过程。整个过程管理，贯穿着资源空间计划和评估。流程设计和检讨，是一个典型的时空管理工具，并且环环相扣、环环相生。这个问题解决了，新的、更高的要求也随之提出了，不断地“亢龙有悔”，持续改进，生生不息。

【二】

得失观：吉凶之间的商业智慧

得失观是《易经》管理哲学中非常重要的观念，蕴含着《易经》思想的吉凶区别。

《易经·系辞上》说：“吉凶者，言乎其失得也。”“吉凶者，失得之象也。”“得”“失”的本质，就是《易经》中的吉凶。得失观包括得失、有无、进退、虚实等若干方面，最重要的是，这种得失吉凶的结局，并不是坐以待毙的等候，而是需要我们用心去经营。所以，《易经》告诉我们：“吉凶悔吝者，生乎动者也。”洞悉得失悔吝，可以使我们达到“其言曲而中，其事肆而隐。因贰以济民行，以明失得之报”的境界。

1. 一得一失谓之道

日常生活中我们总能听到一个词，叫舍得，有舍才有得。但究竟该如何去舍去得，却没有提出具体的办法。

所谓舍得，意即得失，其核心要义，还是在于得。换句话说，所谓舍得，乃是以舍为手段、以得为目的的行动方案。单纯去舍，只叫抛弃，不叫舍得。

一得一失之道，是“一阴一阳之谓道”的又一种演绎版本。经典案例之一就是1946年小约翰·洛克菲勒捐赠土地建了联合国大厦。

1945年10月24日，联合国正式宣告成立，总部设在美国纽约。这个刚诞生的国际组织，也和今天才开业的企业一样，有着诸多的难处。其中最关键的就是寻找一个合适的办公地点，房租也不能太贵。在此紧急关头，小约翰·洛克菲勒慷慨捐赠一块土地，联合国在此建起了办公大楼。在一定程度上，这种慷慨伟大的捐赠行为，成就了洛克菲勒举世公认的第一公益家的美名。50多年来，无人能够逾越。据说小约翰·洛克菲勒捐赠之时，这块土地总价值大约是800万美元，按同比价格计算，在今天至少相当于8亿美元，这是一笔巨大的商业“舍出”案例。

不过问题的戏剧性还在于，小约翰·洛克菲勒也购买了联合国大厦附近的大片土地，所以，这笔捐赠看起来又好像是一种经营。

在今天的北京或者上海某个地方，修建一个地铁站，就足以使此地铁站附近的房价快速蹿升，不到一年房价翻番也不算稀奇。那么，建了一座联合国办公大厦，附近地价的变化我们都心知肚明。

据说麦当劳给社会贡献的主要就是“地租”，即一家麦当劳餐厅的开业，足以造成附近地价的上升。由此说来，首都机场修建在北京顺义，对顺义的经济也会起到极大的带动作用。假如有一天联合国愿意搬到北京来办公，那么我们应该免费为其提供土地，这种“舍”是绝对值得的，绝非浪费国家土地资源。

据说洛克菲勒晚年致力于公益捐赠，却常因捐赠速度赶不上财富增长速度而发愁，为此他还专门雇用了“捐赠事务经理”，帮他打理捐赠事宜。我们认为，这种得失设计的“舍得”捐赠模式，永远都捐不完洛克菲勒的财富，因为失去的虽然很多，但赢得的增值却更为可观。

这就是一得一失的商业智慧。据说洛克菲勒家族财富最多时，曾经相当于美国社会总财富的3%，这是一个非常令人吃惊的百分比。比尔·盖茨的财富最多时，大约仅相当于洛克菲勒家族财富的46%，可见地租永远是真正的财神爷。今天的各种财富排行榜，几乎看不到洛克菲勒这个姓氏的出现，因为他们只是幕后的“大人”，很少露面喧嚣；而当今的任何一位企业家，如果有机会与某个洛克菲勒基金会进行一些合作，那绝对是一种只有少数人才能够享有的光荣。

2. 商业模式：舍得=失去+收获

舍得舍得，有舍才有得，这个舍得公式，即舍得 = 失去 + 获得；绝不仅仅是一个商业公式，而更是一个哲学公式。按照眼下流行的词语讲，这是领导力哲学中最核心的智慧。为了修建联合国大厦，洛克菲勒捐赠了土地，这一行为其实也没什么了不起，因为类似的智慧大手笔，在中国历史上也演绎得相当精彩。比如毛主席放弃延安，丢掉一些既得利益，但赢得了增值点，赢得了无限的发展空间，赢得了中国革命的胜利。用许倬云先生的话讲，组织管理、政治决策与企业领导之间是大道相通的。

再比如，多年以前中日进行文化交流，日本给中国送来了很多精彩的电视剧，其中最著名的当属《血疑》和《排球女将》。人们围在一台12英寸的黑白电视机前，等待着剧中女主人公幸子或纯子的出现。那种万人空巷的场面，至今回忆起来都令我们感到震惊。直到多年以后，我们研究电视产品和电视技术的周期规律时，才豁然发现，原来随同日本电视剧一同进入中国百姓生活的，还有大量的日本黑白电视机。也就是说，热播的电视剧与电视机的铺货曲线是基本重合的。这就是日本企业的营销理念，为市场而生产。逆定理就是：我要占领你的市场，所以先要制造市场出来。

今天的企业家仍然可以学习和尝试类似的舍得智慧，这个舍得公式的原理有三个，即舍去一些既得利益之后，目标瞄准了三种"得"，就算成功。

第一种得，是心理效用。获得心理满足，而非具体的经济利益，这是多数慈善家和公益活动家的动机，是绝对应当首肯的高尚的舍得。这种舍得，不是抛弃，而是在于使世界变得更加美好和更加温情。

第二种得，是交换储备。社会交换，并非每次都是及时结算的，你欠我多少，我欠你几何，大家当面厘清，而是往往经过长期的储备，视合适的时机，才完成“涌泉相报”。

第三种得，是得到增值点。不管是招商引资，还是弃“子”争先，都是以现实既得利益的空间丧失，赢得新的时间或空间，来获得未来更大的回报的。

此三种得，能得其一，就算是成功的商业模式。至于洛克菲勒之所以难逃捐赠的烦恼，乃是其模式的设计，达到了一举三得的境界，令人叹服不已。

企业出资捐赠全市的报刊亭，并配备传真、电脑等现代化设备，为市民提供方便的、全面的文化服务，既美化了城市，又使得报刊亭的配置得到升级。另外，增设报刊亭还可以帮助社会解决一些人的就业问题，这就是服务于社会的商业模式。作为交换条件，企业要求报刊亭背面的广告位授权给企业经营，这就是企业舍得设计中的“得”。

假设一个报刊亭造价 4 万元的话，以北京这样的城市计算，5000 个报刊亭大约需要投资 2 亿元。如果此报刊亭在王府井或 CBD 等繁华地段，一个报刊亭背面广告的刊例价格差不多每年就要 10 多万，即便是把五环之外偏远位置的报亭列入来算平均数，平均刊例价 2 万元算是比较保守的估计。得失交换计算下来，企业捐赠也是非常值得的。而且，并非是一次性就投资 2 亿元，而是分期进行，在获得广告媒体授权之后，又可寻找银行的支持。

以舍为得的商业手法，在竞争市场的格局中已经应用得非常普遍。常见的体验营销、赠送样品，都是吸引消费者进门的招式，表面上是义诊，或者免费的咨询和培训，实际上是为了推销产品和服务，也是市场共知的手段。

"吉凶悔吝者，生乎动者也"，方法就是这些，就看你怎么运用。

3. 有之以为利， 无之以为用

得是有，失是无，《易经》思想的得失吉凶，由老子延伸阐述到有无的境界，这是老子思想的重要内容，其核心的一句话，就是"有之以为利，无之以为用"，得失的吉凶，即是有无的利用。

一个茶杯，假设是玻璃做的，茶杯的四周和杯底，自然都是玻璃，这就是"有"，是"得"，这样茶杯才能盛水。但是，仅仅有了玻璃就使茶杯能够盛水吗？假设没有玻璃围出的空间的话，没有这个"失"、这个"空"、这个"无"，那么茶杯岂不就成了一个玻璃疙瘩，哪里还能盛水！

正是因为玻璃的实体和由其围出的空间，这两个要素加在一起，才实现了茶杯真正的效用。玻璃是具体可见的，是谓利，但空间也是客观存在的，是谓用。换句话说，正是因为失去了一些，你才获得了一些。用经济学上的话来说，就叫机会成本，这是非常重要的人生哲学常识。

经济学是一门关于选择的学问，其假设前提是资源存在稀缺性。资源总是有限的，配置在此处，则不能再配置在彼处，于是彼此之间，需要研究和选择。比如你只有 100 元，如果选择了吃饭，就不能再交话费。比如你现在在北京的家里打字，就不可能同时在上海讲课，等等。因为你选择了甲，所不得不放弃的乙，就是甲的机会成本。甲的机会成本有多大，是由乙的价值决定的，玻璃杯究竟能装多少水，是由玻璃围起来的空间到底有多大来决定的。

企业在吸引投资的时候，必须考虑资本的机会成本，只有是企业投在此项目上的资本回报率超过了资金投在彼项目上的回报，对引资才有利。最近几年，不但流通领域的货币量太多，而且股票基金和房地产市场的资本回报率也非常高，于是大量的资本脱离了非金融产业，甚至有些中小企业主暂时把企业歇业，换取现金去投资房地产或基金，其收益反而比经营企业要高好几倍。经济是一个生态系统，金融资本的机会成本增加，非金融企业就希望通过涨价来增加资本回报率，从而启动了一个货币与价格互动的循环。

得失相生，有无同在，所以前面我们在讨论资产负债表的时候，曾说“得到的永远等于失去的那么多，只是科目不同罢了”。《易经》的这种哲学理念，一定程度上阻碍了后人全身心谋求经济利益的决心，使得达观、乐观、不极端等成为中国人更喜欢的民族气质。

到了超然无比的庄子那里，自然更是达观，用形象的“大脚理论”为谋求财富排行榜出位的企业家讲了一个哲学故事：假设我一脚踏出去，踩住了一片地，这是我的得；我没踩住的大片土地，是我的失，得失俱在。我自然接着往前走，但得了又失、失了又得，总是循环不已，因为我的脚是稀缺的。假设我的功力大增，脚大得无比，一脚踩下去，整个大地都被我踩住了，再无遗漏，即有得无失。那么，我这不是作茧自缚了吗？我的下一步又能往哪里走呢？

脚大无比，有得无失，反而动弹不得，这样的人生自然也就没有意思，以今天的经济社会来说，就相当于将全球的GDP都归你，都属于你的名下，全球几十亿人，除了你之外，别人就都没有财产。然则面对这种情况，终生致力于追求财富的你，活着还有什么意思呢？

所以，我们前面提及企业家的奋斗过程，审美意义仅在过程。阶段性的结果也仅仅是整个过程中的一个驿站。当财富增加至个人消费所不能及，之后的数字就统统属于别人的，因为财富的定义就在于能为财富主体所享用。

不拮据，开心，活得有一点价值，三点构成我们的惬意人生。

技术研发和品牌建设者，应当透彻地了解得失有无之中的哲学道理。

假如某企业取得了一项专利权，这对企业有什么直接的经济意义呢？此项权利也许并没有直接的效用可言，企业业已掌握的技术，还是照常使用，是否有这本专利证书文件，并不影响企业生产的进行。这个专利权的意义，在于其无的效用。专利的本质，不在于有专利权人的使用，而在于无专利权人的禁用，这是典型的“无之以为用”的财产。

商标也是一样，汽车制造商当初为奥迪轿车申请6个圆圈，或者为奔驰轿车申请4个扇叶，都无所谓，仅仅只是符号而已，重要的是商标内含的商业信用，这是符号与本质的关系，是谋求商业机会的来源。随着品牌影响力的增加，品牌的传递成本也在下降，成本下降自然会使利润增加，这是最基本的得失计算；并且，品牌的延伸功能，又可以帮助企业克服产品生命周期的衰减，即将之前积累的信用，延伸到新产品上面，新产品的沉没成本降低，意味着企业利润的增加。

而这一切，都必须以商标禁用权为依托，你有再多的“有”，却没有那个“无”，“有”就都不存在，或者价值甚低，这个得失有无的计算，一定要算准了。

继续深入讨论，既然有无之间有如此一体两面的密切关联，则“无也有用”又是新的商业智慧，并成为多数大型企业的保护战略。所谓保护战略，即是守，大企业自然会攻，以自己的技术、自己的品牌向市场推进。但大企业更会守，以无之用，以商标禁用权，把自己的利益防守得严严实实。

比如，大企业对于某产品选择了A技术方案，则之后的研发及新产品，都会按照 A 方案推展，这是“有”之以为利的正面战场。但通常某一种产品，可能并非仅有一条技术路线可走，另一条路线 B，哪怕只是羊肠小道，也可能对大企业构成足够的威胁。于是，大企业同样致力于对 B 方案的研发，尤其是必须攻克 B 方案中的关键点。对于 B 方案的技术成果，大企业也会及时申请专利，获得保护。其此时获得技术专利保护的本质动机，并非是要使用这项技术，而是禁止别人使用，这是大企业的第二战场。有时候，第二战场的战略意义，甚至超过正面战场，这是大企业基业长青的重要保障。

专利权制度的出现，本意是鼓励创新，并使发明成为社会分工的一部分，进而促进人类的技术进步。但利弊相生之间，大企业这种有无得失的精致计算，客观上反而阻碍了技术进步。

对于品牌的使用也是如此。大企业对于自己的品牌，通常扩大品牌的外延，把类似或近似的内容统统申请为注册商标，自己无须使用，其目的在于禁止别人乱用，以免对主品牌构成伤害。

再深入讨论，对于中小企业来讲，无须开辟第二战场。那么商标的禁用权有没有利用空间呢？我们认为可以，因为专利制度本身就是得失交换的产物。

权利人获得专利权的前提，是将技术公布于众，所以专利技术一律是公众信息，权利人是以失去技术秘密的代价获得对该部分技术的专利权的。并且，专利权具有严重的时空依赖性。从空间上来说，此权利需各国分别获得授权，方才有效，才能禁止别人使用，即保护有地域范围。从时间上来说，此权利有严格的保护期限，最高级的发明专利，也不过保护 20 年，并且即使是在保护期内，如未及时交纳专利年费，权利一样失效。

广大中小企业如果不是矢志终生走技术路线、一定要研发自有知识产权技术的话，大可不必为初期的技术研发而发愁，在公开的信息资料中去搜索查找，就足以找到适合创业的技术和创意。要知道在全世界4000多万项专利权中，可能有超过3000万项的专利并未在中国申请保护。即便是拥有我国专利权的保护，也有大量失效过期的。禁用权已经没有了，我们为什么不用呢？

4. 进退之间的商业智慧

《易经》的得失观，还体现在进退权衡上，所谓“往者屈也，来者信也，屈信相感而利生焉”，我们前面论述处于“亢龙有悔”阶段的企业，就存在只知道进而不知道退，只知道得、收获，而不知道失、放弃的不足。

屈信相生，或者叫进退权衡，其要义在于该进的时候进，该退的时候退，与时偕行的动作，才会“利生焉”。此时的退，当然不是溃退，仿佛收缩起来的拳头，获得的是更大的施展力量的空间。

海尔是中国企业国际化的符号，海尔的品牌之路，就体现了进退权衡的智慧，是以退为进的典型案例。

海尔最早的品牌名称是“青岛利勃海尔”，但这个商标并未在社会上出现过，因为国家商标局的审核人员认为，企业商标中不能包含青岛这样的行政区划名称。此后海尔的品牌是“琴岛利勃海尔”，这是当时海尔与外商合作的产品。

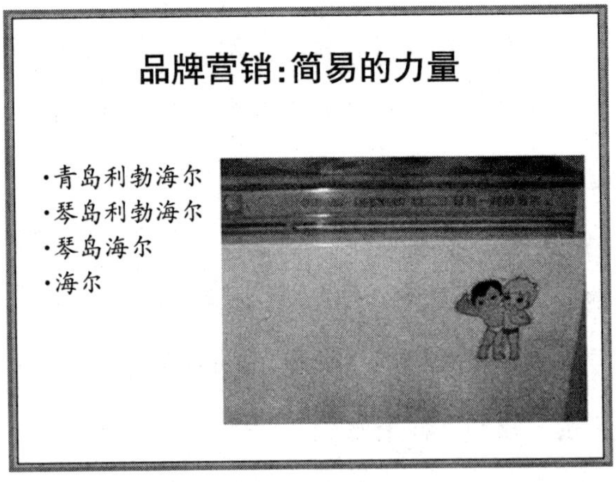

但据说此外商与国内多家企业都有合作，所以冠以“利勃”的冰箱有好几种，这其实干扰了当时海尔刚刚形成的品牌战略，容易使消费者形成错误的认识。之后，海尔的品牌改为“琴岛海尔”，开始瞄准国际化的发展方向。但“琴岛海尔”也有麻烦，因为“琴岛”是青岛的一个美称，所以，当地企业借“琴岛海尔”在国内传播的信息普及性，以及品牌中蕴含的商业信用，流行起了“琴岛风”，若干产品都以“琴岛”冠名，或以“琴岛”为其品牌组成部分。据说情况严重之时，走出青岛火车站，就可以看到“琴岛小吃店”的招牌。海尔对此有些冒火，但亦无可奈何，因为琴岛既为青岛美称，则非海尔所专享，但凡当地企业，叫此名称并无不妥。于是，海尔再次“后退”，后撤20里安营扎寨，启用“海尔”的品牌，并延用至今。

海尔品牌的这种屈信相生、以退为进的策略，其实蕴含了巨大的商业智慧，是攻守兼备的哲学案例。其攻在于：简易的力量更大，更明确地传播给受众群体。毕竟两个字通常比六个字或者四个字更容易被人们记住，容易记忆，则传播成本自然降低，传播效率自然增强。于是，海尔的品牌经营投入，平摊在两个字上，每字的分量自然更重，效果更好。其守在于：简易的两个字，最大限度地缩小了品牌保护的“战斗”范围，也就最大限度地凝聚了品牌保护的全部力量。从此，海尔的品牌保护做得滴水不漏，应当说这与品牌字数上的战略撤退有很大的关联。

这种品牌战略上的得失计算，其实还有很多案例，比如摩托罗拉和夏新，都有类似的“撤退”决策。放弃一些，也许收获得更多，这是得失悔吝之间的辩证关系。

【三】

中庸观：合宜匹配的管理模式

中国人很喜欢看天安门广场的升国旗仪式，精神抖擞的解放军战士把五星红旗冉冉升起，那场景令人油然而生民族自豪感和认同感。但很多人在参观升旗仪式时，都没有注意天安门的国旗旗杆的位置，其实它并没有在广场正中间，而是在一个更适宜的位置。以天安门城楼上的毛主席画像为中间，画像下的门以及金水桥的中线，都恰好是在这个中轴上，一直延伸向人民英雄纪念碑和毛主席纪念堂。但国旗旗杆是略微偏离这个中线一点点的，其位置大约相当于毛主席画像的右侧面庞附近，这是很合适的安排，为什么这样说呢？

中庸不是正中间，中庸要取“中”，但不是绝对的“中”，《易经》思想里没有绝对，这个“中”，应当是尺度合宜、恰当匹配的意思。

西方思想中一样有很多中庸的理念。法律上有衡平法，用来弥补普通法的不足；艺术界有黄金点，0.618 就是西方的取中之美；亚里士多德所推崇的“中道为贵”，也是说恰如其分，要和谐。亨利·法约尔曾说，由经验和机智合成的掌握尺度的能力，是管理者的主要才能之一。这句话是管理哲学中庸观的核心要义，用《道德经》中的话说，叫“物壮则老”，用《论语》中的话说，叫“过犹不及”，用《易经》中的话说，叫“物极必反”，用《尚书》中的话说，叫“允执厥中”。

1. 制度设计的中庸模式

我们可以在两端之间去寻找一个合适的“中庸点”，但有时候，设计成制度化的中庸模式，也许效果更好。比如欧洲人设计的“第二价位中标法”，其实就是中庸的权衡。所谓第二价位中标法，即招标结果，仍然是以报价最优者中标，这个大原则并不改变，但中标的企业，有权按照次优报标价格执行，也就是按第二价位履行，此即在商业利益的权衡中，给予中标者一定的保留空间，是一个充满智慧的制度安排。我们认为，这个模式也比较适合在中国企业进行推广。

但当前中国企业的招标投标博弈，出现了两种典型的偏离：一是内幕及贿赂问题，这不是本文的主题；二是企业间“非理性”的血拼，这是一个大问题。原因在于招标方和投标方均对招标制度理解得不够深入，不够透明，仅仅侧重于价格本身，而没有掌握综合匹配才是最优方案的原理。价格血拼的结局，通常是“最狠”的角色才能得胜，而贸然以“狠性”获胜的，其实不一定能把事情做到最好，因为他已经狠到了宁肯亏损的地步。多数企业在报标时的“狠性”，过后不一定能坚持到底，只好以牺牲质量为补偿。但此时若以第二价位衡量，则能更好地约束其担保的品质，价位之间的差价损失，可以换得与预期一致的工作结果，对招标方和投标方来说就是共赢。

这是一种权衡和裁度适当尺度的招标体制，表现了中庸的理念。同理，在面对生产的规模效益和消费的个性需要之间的矛盾的时候，也可以用“中庸生产制度”进行设计，以找到两种矛盾之间适当的尺度位置。

现代化大机器生产，自然要求标准化程度越高越好，比如制造汽车，通常是生产批量规模越大，则应对的单位制造成本越低，边际效益才能逐渐递增。但以消费者的角度来看，自老福特时代之后，已经不喜欢千篇一律的“盒子汽车”，丰富的消费偏好需要个性化的汽车产品去满足。中国目前的汽车消费状况也是如此，普桑、捷达、富康的老三样时代已结束，现今市场上的汽车款式型号让人有“乱花渐欲迷人眼”的感觉。

但个性化地生产汽车，量身定做，成本实在太高，与规模生产之间的矛盾非常尖锐。于是，中庸主义在此大显身手，以“平台方式”固化那些可以批量生产的工作内容，再以灵活的可选配置，不断改变和丰富着外部造型。在单调的批量生产和丰富的个性主张之间，寻求到一个匹配适合的尺度，这就是哲学思维中的有经有权。

所谓有经，即有常规，有定律；所谓有权，即有变化，有特例，这是管理中庸观的重要内容。价格上升则需求下降，这只是常规定律，对于不同的产品来说，自然也有特例存在。房价和股价上升，通常反而受追捧；而土豆和猪肉的价格上涨，也通常不会影响购买量的显著变化。这是因为，房屋与股票属于资本投资市场，其内在规律自然不能以消费市场的价格形成机制来机械衡量；而土豆与猪肉，为日常生活所必需，需求极具刚性，少有替代品可言，价格持续上涨也许会引起恐慌性的购买增加。

所以，有经有权，就是辩证的思维方法。对于管理哲学的思考，一直会有四个词语不断在管理者脑中萦绕，那就是条件、阶段、程度和经权。

2. 匹配适度才是最美的

中庸观是在动态中寻找合适的均衡点，其所能达到的最佳境界，就是匹配。《易经》一再强调的“与时偕行”，就是希望我们时刻记得时空匹配。

掌握匹配的分寸和火候，需要管理者的智慧，而能够恪守匹配的思维方式，更是管理者难得的品质。南怀瑾先生曾讲过这样一个故事，说有人进献了一匹千里马给汉文帝，主张休养生息的文帝，自然不想要这种奢侈的宝物。但文帝并非刻板地予以拒绝，而是说出了其中的道理。文帝的意见是，皇帝出行时总是非常麻烦，遇到大型活动，前呼后拥的，几百人都不止，那么，皇帝自己骑着一匹千里马，又能单独跑到哪里去呢。理性的方案应当是，皇帝骑着一匹普通的马，只要不是太差，走在队伍中间，就是既安全又合适。于是，汉文帝把千里马退还了原主，并自行承担了逆向物流的运费。

汉文帝这样的思维，是道家智慧极致的体现，也是《易经》思想的体现。有如此中庸思想的皇帝，实为该时代苍生的幸运，因为无论何事，匹配、合适都是最美的。

企业的发展也是一样，讨论企业是做大还是做强，其实并没有直接的意义。正确的做法是，按照中庸观的匹配原理，分析企业既有的和可能获得的资源，以及内外部条件，再来决策一个适度的发展规模。

适度规模，就是与企业发展、资源状况、市场需要相匹配的规模，是企业虽不能至、然心向往之的。

企业管理中所遇到的问题，几乎都是匹配问题，没有资源自然是不匹配的一种表现形式，但实际经常出现的是资源或流程之间的不匹配、不和谐。

比如中国经济和企业发展到今天，人们普遍认为中国缺乏管理人才，这就是不匹配的典型症状。企业发展所需要的“物要素”，也就是资金、设备、材料、技术，等等，这些都相当于人的躯干；企业发展所需要的“人要素”，也就是优秀的管理人才、合格的操作工人，这些都相当于人的大脑。中国企业的高速发展，就相当于一个十七八岁的青少年，身体发育突飞猛进，只要营养跟得上，就会先成长起来。但大脑的发育、思维的成熟、品性的圆融，却不是营养问题，而是长期学习和阅历累积的结果。

任何人的成长，都需要一个过程，都必然会出现一个身体与大脑不匹配的踏空阶段，经济发展也是与此大道相通。现在流行的突破人才瓶颈策略，往往只是为了迎合企业急功近利地寻找短期答案的需求，其实成长注定是艰辛的。中国的企业家如不审慎科学地苦练内功，那么长期的脑力资源瓶颈就没有改善的可能。

匹配才是最美的，对于准时生产而言，超额完成任务、提前完成任务与没有完成任务的性质是一样的，都是管理失败的体现。

3. 中庸与程度适中

尺度、分寸、火候，这些词语都可以用来说明中庸观的核心要求，即程度。

把一件事情做到什么程度，比如适度规模，比如有限质量，以避免类似“龙战于野”的局面，是领导者必须修炼的哲学智慧。

有限质量是日本企业的理念，所谓有限质量，即质量并非越高越好，因为质量是需要成本的。假如一件电器总计有 100 个零件，其中 90 个零件的使用寿命是 5 年，另外 10 个零件的使用寿命是 8 年。根据有限质量原理，日本企业会毫不犹豫地故意降低那 10 个零件的质量，使其质量“退步”到与另外 90 个零件寿命一样的程度，并由此略微降低了整个产品的制造成本。10 个零件减少 3 年的使用寿命，可能省下来的只是很少的资源，价值也许只有 1 美元，但集腋成裘，当产量超过 100 万的时候，企业节约的成本自然就体现出来了。

制造业如此，服务业也同样存在有限质量问题，服务并非越热情、周到就越好。

假如你出差时去一家连锁酒店住宿，你把身份证拿出来，前台接待人员在企业系统里一查，就能找到关于你之前的住宿信息及折扣条件等，这自然是高质量的服务，这样的酒店让客户觉得非常方便，获得了更多的消费者青睐，下次肯定还会再来。对每位客人不同的偏好，酒店也可以适当记录，这属于 CRM 资料的一部分，比如你是否需要大床、是否需要剃须刀等，前台接待人员也是一一询问落实，令人觉得关怀备至。但是此刻前台接待人员继续问：您是否仍然是洗澡之后不需要浴袍？事情的气氛一下子就扭转了，本来是关心你的周到服务，现在却使你有些赤裸裸的感受，隐私权似乎受到了侵犯。你以此类推，会想到酒店是否已经将你的所作所为，比如曾经与谁睡在一起，都全然记录在案？于是，你或者拂袖而去，或者抱头鼠窜。总而言之，如果热情周到过了头，就是不热情不周到，服务质量好到了极点，就变成了质量低下，这就是《易经》所强调的“物极必反”。

同理，消费者走进一家商店，没有售货员热情迎客和及时介绍产品功能，则消费者会认为此商家服务缺乏专业水准。但如果消费者一进门，就有几十个促销员蜂拥而来，嘴里虽然吆喝着欢迎光临之类的客气话，但明显给消费者施加了极大的压力。消费者除了抱头鼠窜之外，同样别无选择。

所以，允执厥中、程度恰当才是最好的，比如管理集权和分权之间，需要权衡一个程度，比如期权制度可以有效地激励高层管理者与企业共赢，但期权制度也为高层管理者提供了作假的可能，于是，裁度一个合适的程度，是治理结构一再探索的课题。

【四】

占卜观：彰往察来

虽然子不语怪力乱神，但《易经》本来是“卜筮之书”，在日常生活中，《易经》也经常为算卦预测人士所利用，所以，研习“《易经》管理哲学”，也必然要涉及《易经》中的占卜观。

中国文化的突出特征，是以人伦为核心的实践理性，这是古代以人为本的理念，其哲学范式是由亲人到家族再到国家，血缘和宗法是社会关系的基因。从另一角度看，也正是因为这样的理念，中华文化缺乏形而上的探索和纯粹的宗教情结。

《易经》是中国古代典籍中传播最为广泛的著作之一，这一方面是其思想甚是高深，为学界所认同，另一方面是其带有神秘性的特点，为“术界”所喜用。忧国忧民的仁人志士，窃国篡权的政治野心家，懵懂求福的芸芸百姓，都希望从《易经》中获得对应的启发。《易经》的受众群体广泛，是其传播深远的重要原因。

在对《易经》的研究中，一直有“学”与“术”之分，“学”是指研究《易经》所蕴含的哲思，“术”是指学习《易经》的占筮之术。易学中的思想内容确实是通过占筮体例展开的，但是筮法在后来的发展中逐渐滥觞为占术或预测术，典型如火珠林、梅花易数等，抛弃《易经》大衍之数和卦爻辞，而以自创的五行生克搞一些占断吉凶的把戏，就完全脱离了《易经》的占卜筮法本义。类似的这些江湖占术，貌似与易学有关，其实二者有本质的不同。不能识别而混为一谈者，就会在易学研习中迷失方向。

遗憾的是，当前易学热的一个重要表现，便是所谓易学占筮之术以及由其衍生的江湖占术的空前兴盛，仿佛《易经》就是抽签、扔铜钱、画梅花。这些只重占术的愚昧观念和那些遍布天下的“半仙妖精”，其实是损害《易经》和易学的严肃性的。假如《易经》确实只是卜筮之书，或者其功能主要在于算卦的话，那么中华主流文化恐怕不会数千年来一直奉《易经》为典要，对“敬鬼神而远之”的儒家来说，更不会以其为五经之首。

《易经》的四大功能是辞变象占，所以说占卜观也是《易经》思想的组成部分之一，但《易经》思想中的占卜观，另有其思想内涵，与那些摇着铜钱、举着卦签、拈着梅花、抱着罗盘的江湖术士的把戏，是截然不同的。

1. 占卜的三大功能

占卜有三大功能，就是心理安慰、趋势分析和话语垄断。

人对大自然终究是知道得少，直到今天，仍然如此。今天的科技确实进步了很多，但人们对于广袤的宇宙和人自身的认识仍然非常薄弱。不要说癌症、糖尿病等病症，我们还不能做到药到病除，即便是感冒，迄今仍然没有治疗的药物发明出来。而对宇宙的探测，即便是太阳系之内，我们所知的也不足百分之一。所以，通常情况下，自信就等于是无知的一种症状。

因为知道得太少，所以，我们对周围的一切都感到担心。很多心理学著作都论述了人类恐怖心理形成的原因，其中最重要的就是“未知”。不确定的事情总是让人担惊受怕。以我们的切身体会而言，我们不会担心今天是星期一，明天就是星期二，我们也不会担心中午吃饱了，晚上还会饿，这些都是确定的事情。但是，我们担心今天很顺利的事情，明天会不会出现意外。

不确定性永远和人类的恐惧相关。于是，人类一方面积极去探索规律，一点点地去寻找确定性；另一方面，也需要心理抚慰，暂时缓解自己的心理压力。

占卜告诉你此事好，你就暂时获得了这种心理抚慰，一方面给了你稳定的幸福感，另一方面又可以增加你成功的心理暗示，客观上对事情的进展产生疗效。所以，即便是算卦蒙人的“江湖骗子”，也往往是以说好话为主；如有不吉利的话出现，通常就是要为“逢凶化吉”的破解打埋伏，是出于个人利益或者商业利益的考虑。

利用《易经》进行占卜，可能客观上给人带来一些心理上的保健作用，但这并非是《易经》的本意，而是后世人们演绎的结果。《易经》的本意既非做心理医生，也非谋求经营利润，或者骗人钱财，而主要是做条件分析和趋势判断。

所谓占卜，《易经》说得很清楚：彰往察来者也。

通过对既往现象的分析，归纳出自然万物和人类社会的规律，并由此规律，根据目前的情况，分析和判断未来的走势。如此占卜，其实和今天的股市大盘分析没什么区别，即从基本面、政策导向、之前的走势、当下局势的归因解释、今后大盘的走向等几个方面分析。这种占卜方法，或者说叫条件分析方法，从方法论的角度来讲，迄今未变，区别仅在于分析中的条件范围有所变化。古时可能是以龟甲兽骨的裂纹，作为分析的条件基础，今天则以上市公司的年报和股市既往的数据，作为分析的条件基础。

但《易经》的分析，绝非根据什么龟甲裂纹，而是数千年来古人对社会的记载和总结。《易经》的每一卦、每一爻，都蕴含着古人经年累月观察和归纳的人生经验，并由文王、孔子等人，将卦爻中蕴含的信息，以文字的形式阐释出来。因其内容博大精深，所以迄今我们仍然在学习和体会。

《易经·系辞上》："原始反终，故知死生之说。"把事物的来龙去脉搞清楚，就是对未来的分析和探索，"极数知来之谓占"，把条件分析做好了，就是《易经》之占。

条件分析是《易经》占卜的本质，其外在表现形式上，可能是另外一副样子。因为事物本质如果与表面现象能够合二为一的话，一切科学就都是多余的了，这是领导哲学的常识。

最典型的案例如诸葛亮借东风，装模作样地设立祭坛，呼唤老天的保佑。其实大家内心清楚，老天爷才不会管你。"天地不仁以万物为刍狗"，老天爷不会因为你是福布斯排行榜上的财富人物，就担保你一辈子不得癌症，相反，你可能病得更早更重，因为你心思太重。诸葛亮所做的祭坛占卜大戏，比那些举几支梅花作秀的人，自然要专业得多，其目的却是制造神秘感，并便于自己脱身回大本营。最后东风真的来了，这是诸葛亮根据多年积累的气候观察经验作出的判断，是条件分析的结果，而并非茫然地跪求苍天所致。

所以，占卜形式上的主要目的，就是制造权威垄断气氛。占卜对于统治阶级的核心要义，在于"占"，而非"卜"本身。或者说，占就是卜，占就是对卜的话语权、阐释权而已。

"卜"字有两种解释。一是认为"卜"在甲骨文中代表龟壳或兽骨的裂纹，古人将此裂纹作为大自然的语言，需要进行专门的解释，才能读懂。二是认为"卜"原指在空地上树立起来的一根杆子，然后在杆子上部绑了一个布条，根据布条飘动的情况，解读其中蕴含的意思。但无论如何去卜，关键都在如何进行占，即同样一件事情，一种表象，谁有权解释，如何解释。

即使现在来看，也可以看出占卜二字同源，其中，占是对卜的结果的解释，是卜增加了一个口的结果，这就意味着占卜问题的核心，就是话语权，对现象的解释权力，是统治者缔造占卜仪式的动机。《礼记·曲礼上》说："卜者，先圣王之所以使民信时日、敬鬼神、畏法令也。"

2. 预测因果律：善易者不占

如果我们能够预测未来，那么我们就会想方设法去改变未来，使未来对我们自己"更有利"。

如果我们能够改变未来，使未来对我们更有利的话，那么，我们当初预测到的未来就不是真实的未来。

如果未来不能被改变的话，或者我们不想影响和改变未来的话，预测未来就没有意义。

同理，也可证明我们不应该"回到过去"。

改变因果律，这应该是一个艺术话题，而非科学话题。《终结者》和《记忆裂痕》等大片确实迷人，但从爱因斯坦突破绝对时空观之后，虫洞理论迄今仍未被科学家所承认。一个回到过去的人，或者现在能够预测到未来的人，其行为对之后的影响，细微而深刻，即便他小心翼翼地避免对未来造成影响，但他踩下的一个脚印，或者拉的一泡屎，都因蝴蝶效应而对未来有不可估量的影响。

世上如果真的有人能够成功预测到未来，按照常理推测，其研习的主题，自然是各国的股市，即便此人自己并无充分资金可以投资，但专心给索罗斯或巴菲特等人提供投资咨询，大约年薪5亿人民币应该是不会少的，并以此为起点，寻找适当的预测时机，则吞并量子基金实在容易得很。接下去，也许会“把未来抛到背后”，让世界重回创世纪、再进伊甸园，续写《圣经》的未来篇，也并非天方夜谭。由此可知，“先知”两个字，有着多么大的宗教意义。

预测之中，必然要涉及人性的问题。确实能成功预测的人，只有两种可能，或者是佛祖和圣人，或者是法西斯，因为预测之后对未来的改变，只需调整现下些许的条件，实在容易。而对自己的善意改变，与对别人的恶意捉弄，又是一体两面的必然。所以，以私人利益为出发点的预测，以及对未来的蒙昧理解，都非《易经》哲学的本意。

《易经·系辞上》：“成象之谓乾，效法之谓坤，极数知来之谓占。”成就事情的道理是乾，遵循这个道理去行动，则是坤，如此“乾坤大挪移”，才是《易经》思想中的所谓“占”。所以，《易经》里的预测，预测的不是必然，而是应对；不是束手无策的结局，而是趋利避害的选择。此种预测的本意，是吸收和遵循前人的经验，来正确地指导我们现实的行为。

《易经》思想的占卜，不是为了私人利益，而是“备物致用，立功成器以为天下利”的，是“探赜索隐，钩深致远，以定天下之吉凶”的。《易经》是国家公器，不是私人工具。

很有意思的一个现象是，早期《易经》中有非常重要的一句话，被自西汉至宋朝的那些易学家们“忽略”了，在《四库全书》的“全本周易”中也找不到。这句话是关于占卜的功用的，某种程度上，是解释荀子所言“善易者不占”的原因的。幸亏有了马王堆的考古发现，让今人重新知道了《易经》关于占卜问题的重要提示，在马王堆出土的帛书《易经》中的《要》和《易之义》中，强调“无德而占，则《易》亦不当”，所以，无德为私利而欲占卜者，请你们把《易经》放下吧。

一些江湖术士总是推崇某些神秘人物，比如东汉某某或明代某某，甚至当代某某，能如何如何地预测未来，这些都是为了骗人钱财的胡扯，或者是愚昧无知的闲聊。因为所谓神秘先知，一则无信史可鉴，二则无实证依据，第三，也是最重要的，假设真有如此“准确预见数百年”之神人，却不致力于改进社会、增长民族实力，致使我中华民族于鸦片战争以来饱受挫折，则一个束手看天下百姓倒悬于水火的神人，可称是我们民族最卑鄙的一员。

3. 全社会的分析模型

“极数知来之谓占”，《易经》占卜的核心在于“计算”。

以往5000年的人类经验，被归纳在六十四卦的三百八十四爻中，《系辞上》曰：“神以知来，知以藏往，是以明于天之道，而察于民之故，是兴神物以前民用。”这就像经济数学一样，形成了六十四个分析模型，总计三百八十四个分析模块，这是全社会的“ERP”。

这道理就像我们现在的天气预报，以若干科学原理，设计出计算模型，以卫星和地面探测数据，了解现实存在的条件，将条件数值输入计算模型，预判出未来的天气趋势，称之为天气预报。所谓预报，其实经常不准，只是事先让大家有个心理准备，对行为选项赋予不同的顺序和权重。至于天气预报并不准确，人们也不会去气象局索赔，因为这主要是条件信息不对称和演算模型不完善的缘故，气象部门自然会主动根据误差去修正和改进数据采集与数值分析系统。

所谓ERP，是企业资源计划（Enterprise Resource Planning）的英文缩写，但如果对其加以哲学观照的话，仍然避免不了“名可名”的尴尬。提起ERP，即使最权威的专家，也只能给你描述它大约是什么，而不能界定它究竟是什么。简言之，ERP的定义仍然是管理学界未曾解决的问题。定义未解决，究竟该怎么干，这项工作包括哪些内涵和外延，自然大家也都不清楚。好在 ERP 现在还只是一个小姑娘，多数人认为将来女大十八变之后，其魅力是不可限量的。

简单归纳 ERP 的功用，可以说，其本质思想就是以计算机技术记载和描述企业的一切行为，从供应链管理、客户服务与偏好跟踪，到内部人员的秩序性行为，其核心操作方式就是建立很多个软件模块，每一模块针对一项管理事务或管理任务，再将所有模块以系统论形式组合，尽可能地穷尽描述企业管理的所有信息。也就是试图将企业所有的行为数据化，形成“骇客帝国”。其表面功夫，例如某客户拖欠账款达到警戒线，则系统会及时提示管理者；其深入境界，如财务人员在电脑键盘上敲击了不属于自己职务范围的单词，系统也会及时记录和提示。此种模块，犹如给美国打电话提起本·拉登，则系统会自动识别和记录你的谈话。

假设 ERP 软件系统可以穷尽描述企业的全部信息，则今后的企业管理就可以像打游戏一样好玩，输入数值由计算机模块计算，得出结果就是必然发生的结局，管理者对企业的一切都可以了如指掌。两个竞争的企业，也无须再斗得你死我活，只要分别计算一下，一切结局了然于胸。当然，这是假想的匀速直线运动，因为所有变量都是不可能穷尽的，最多只能趋近，并且建模的边际成本是严重递增的，多数企业还是选择权重模块而已。ERP 这种建立模块—输入变量数据—计算出最终结果的思想，与《易经》的占卜观却是大道相通的。

著名学者家冯友兰先生曾称《易经》为宇宙代数学，其意义是指，以《易经》建立的这六十四大方程式，可以分析宇宙内任何事物的“原始反终”，并由此分析结果，指导我们的现实生活。所以，《易经》思想的占卜观，是以六十四卦为“数理模型”进行条件分析和做趋势判断，所谓“原始反终，故知死生之说”，是“彰往而察来，而微显阐幽”，分析事情的来龙去脉，归纳规律，判断趋势，达到“存亡吉凶，则居可知矣”的境界。

这种彰往察来，正如大卫·休谟所言，除了经验之外，人类对自然一无所知，除了历史之外，人类没有其他的学习来源。所以，《易经》的占卜是基于以往人类经验的分析和预判，而不是江湖上流传的蛊惑诈财的所谓“预测学”。

这六十四卦三百八十四爻，其中涵盖了不同事物的要理和推演公式，我们输入今天的现实条件，经由模型演算，则由目前遇到的事情，计算出对未来的分析和预判，“遂知来物，非天下之至精，其孰能与于此”。

但仅仅是阴阳卦爻，又难为今人所读懂，所以才有先贤补之以卦辞、爻辞，在《易经》全息涵摄符号与我们所能理解的语言之间架设桥梁。

《易经》中的卦辞，就是应对所求问事项的指示，这些卦辞、爻辞，可以用来回答各种世俗事务。卦辞随附于六十四卦的卦画，帮助我们解读卦画，对宇宙事物进行六十四类的归纳，以得到求问事项的标准答案和行动公式。如此我们遇到的事情，先要判断属于某一类别，再去寻找对应的卦德。

于是，《易经》曰：“夫《易》，彰往而察来，而微显阐幽。开而当名，辨物正言，断辞则备矣。其称名也小，其取类也大。其旨远，其辞文，其言曲而中，其事肆而隐。”卦德作为满足某些条件的一个具体事物的统称，标识着不同事物可以纳入哪个公式和哪个变数，卦画作为公式，代表自然的倾向，即道，也就成为某类对象应当遵循的指示。

此数理模型依然建立，但占卜是否灵验，其中的主要困难，在于条件是否可以穷尽描述，然后输入。常量和变量，自变量和因变量，都须要准确地界定和计量，则输出结果就越趋近于真相。另外，随着时代演进，此数理模型也需要适当地修正升级，“不可为典要，唯变所适”，所以我们才研习《易经》思想对当代管理的哲学启发。

但《易经》占卜可以给我们的，只是计算公式和重要提示，而非直接的现实结局。现实的结局，从应然到实然之间，“生乎动者也”，要看我们自己如何行动。所以，真正决定吉凶的，是我们的选择！许倬云先生说：“《易经》中所谈的命运，不完全是盲目的，人类本身对自己的命运，有相当程度的掌握，人类自己所做的种种抉择，会改变命运发展的方向。”

今日研习《易经》的占卜，应在占卜的三大功能，即心理安慰、条件分析和话语垄断之中，着力发扬趋势分析的新局面。因为话语垄断在当下的《易经》研习中，已无必要，学术研究中百花齐放，才有共同进步的群龙并起局面，这对于《易经》思想的广泛传播是一大利好，话语垄断自然交由其他信息载体去完成。适当的心理安慰，仍然可行，因为世界充满了心理病人，如果能对患者有所抚慰，也算是《易经》的一点功劳，但心理安慰，主要以主观心理感受、心理效用为主，并非思想研习中的主要课题。

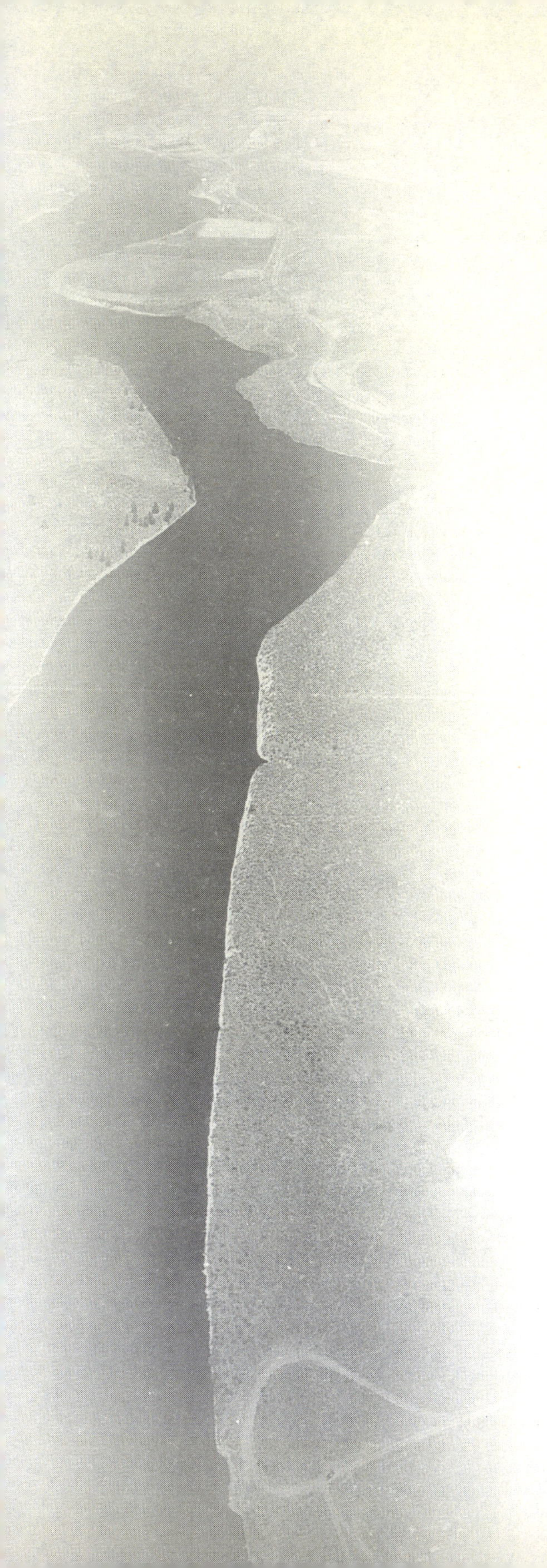

第五章

《易经》三易管理原则

《易经》思想的三大原则，都是围绕着“易”字展开的，分别是“简易”、“变易”和“不易”。

这三大原则是西汉易学家的归纳，在广义上，这三易原则也算是《易传》的组成部分。并且，这三大原则非常贴切地总结了《易经》的思想，千百年来，已成《易经》研究的通说。

所谓简易，即天地间自然规律原本简朴平易；变易则是指事物是变化、发展和自我否定的；不易意味着大自然有其必然的倾向和规律。将此三个哲学道理，适用于管理领域，即可称之为三易管理。

【一】

简易：大道至简

三易原则的第一条，就是简易，即中华文化三大理念中的“大道至简”。

简易原则的第一个案例，就是《易经》本身。宇宙是如此的深邃，社会是如此的复杂，《易经》却只用阴阳二爻就表现了一切。所以，《易经》对于简易原则的评价非常高，说“易简而天下之理得矣”，“易简之善配至德”。此处的简易，当然不是简单、简陋，恰恰相反，而是蕴含了极高的人类智慧。

简易

- 简易不简单。
- 法则与自由。
- 亚当·斯密：分工。
- 泰勒：标准化。
- 生产力的来源。

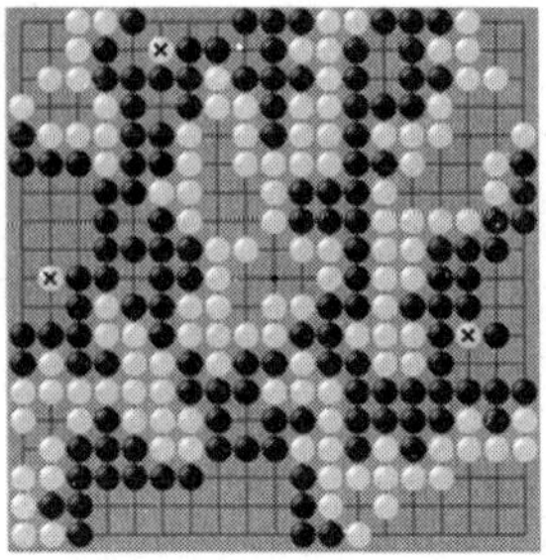

中国文化中最经典的休闲项目就是围棋，这是绝对有深厚中国哲学功底的游戏，是“一阴一阳之谓道”最形象最直观的体现。围棋之所以成为“文化大棋”，其核心就是简易。世上的各种对弈游戏中，中国围棋可能是博弈规则最简单的，黑白子一阴一阳，纵横之间围住对方就算成功。但恰恰正是因为围棋规则简单之极，才给博弈者留下了无限的发挥空间。围棋规则之简，造就了棋手技艺的无限发挥。对弈时棋局变化的气象万千，连最先进的大型电脑恐怕也不能计算。三岁的孩子，无需识字，也能学会围棋，即便到了“棋圣”吴清源的境界，还是身陷其中乐此不疲，从平易近人到博大精深之间，围棋充满了《易经》大道至简的思想。

市场上竞争和垄断共舞，商潮起落、职场峥嵘，我们大抵知道这首先要从供给和需求的角度去分析和看待，只有抓住稀缺性分析不放，才能看清经济万象。我们知道 $(a+b)^2=a^2+2ab+b^2$，这其中的 ab 可以变化为各种各样的数字，但法则是简明不变的。爱因斯坦的理论虽然无比复杂，但他给出的公式也是简要易记的：$E=MC^2$，从这个公式中，企业管理者也可以得到一些启发。

所以，简易的第一层意思就是说，宇宙间最核心的道理、原则其实都是很简单的；推演幻化出的表象可能是纷繁复杂的，但内含于其中的法则肯定非常简单。也正是因为有简易的特点，即提纲挈领的涵盖性极强，才称其为法则。管理也是一样，管理者每天遇到的管理事项，都是变化多端的。如果管理者永远是见山是山、见水是水、就事论事，那么他的管理肯定没有效率可言。

由此可知，凡是人类智慧的演绎，结果通常都是最简易的。所以，企业家如果能达到“一以贯之，为道日损”的境界，那么就具有内在的管理功力。把看似复杂的事情能不能变得简单起来，是考验管理者管理智慧的一个重要指标。

简易的第二层意思是说，没有什么高深的理论是不能用大白话来表达的，就像经济学家茅于轼先生所说的，“任何一个高深的理论，如果能够真正掌握它，就必然能回复成日常生活中的普遍现象”。由此推论，如果有一天你遇到了一位学者，而此人一上来就是一堆古怪词汇，一副讳莫如深的样子，那么你可以安静地走开。因为你可以判断这是一个功力不够而不得不使用怪僻语言来忽悠的人。比如有人告诉你：“我是专业研究甲基苯丙胺的。”你可能不明白甲基苯丙胺就是我们口头上说的冰毒，于是非常仰慕他；或者有人说：“本人研究三氧化二砷多年。”而三氧化二砷就是我们常说的砒霜。

当然，这样的情形绝不仅仅限于学术界，在社会的每个角落里都会发生。采用“话语垄断”从而树立学术权威是属于反民主、反文明的治学方式，是不符合《易经》思想的。这就好像孔庆东解读金庸武侠小说所说的，凡是一上来拿着个古怪兵刃的，比如鳄鱼大剪刀，这都不是武功高强的侠客。而在古龙的七种武器中，最厉害的是拳头。

大道至简的境界，就是返璞归真的境界，就是一以贯之、举重若轻的境界。

1. 扭住权重不放松

高超的雕塑家能把一块平淡无奇的石头雕塑成不朽的艺术作品，其中的核心奥秘就是“把不需要的去掉”，道理简单之极，但如何认定哪些是不需要的部分，以及有足够的技术将之有效剥离，却非常人能为。

一个不到十岁的孩子，一样可以牵着一头牛走来走去，壮牛蛮力再大，仍然会听从孩童的指挥，其中的核心奥秘就是孩子牵着牛的鼻子。

所以，简易原理中包含的最重要的两个词汇，就是核心和权重。扭住核心与权重，一切也就变得朴素起来。

简易当然不是胡乱抛弃和放弃，简易的本意，是抽象凝练出事物的规律，洞悉其核心问题，剥离次要的或相对次要的部分，以简御繁、举重若轻。在长长的产业链上，找到企业最合适的位置，扎根占领，剥离次要内容，除研发、品牌和营运调度之外，一律外包，这是“更简易更深刻”的分工战略。在长长的产业链上，寻找相对不必要的环节，争取摒弃和剥离，所以，才出现了跳过渠道商进行直销的戴尔，“产业时空链条”的拆段重组，中间蕴含着新的利润。类似的案例，道理都不复杂，运用简易原理，资源集中、注意力集中的人通常就会把事情做好。王石不做百货而专做地产，杰克·韦尔奇创新的重要手段，就是剥离不必要的附属企业。二人的思路差不多，都是洞悉规律之后，扭住核心，抓住权重，都是从复杂的产业链中分析出价值链，找到最适合自己的那些东西，事情也就变得简易了。

简易，是一个重剑无锋、大巧不工的道理，是一个真水无香、大象无形的道理，是一个法则简单、发挥无穷的道理，所以《易经·系辞上》说："易简则天下之理得矣，天下之理得，而成位乎其中矣。"

2. 简易原则提高生产效率

《易经·系辞上》："易则易知，简则易从，易知则有亲，易从则有功。"换句话说，同样的事情，简化之后才有效率；因为简单让人容易明白，简化之后的边界清晰、内容明确，使人容易掌握和贯彻。简易原则是企业创新、甚至企业生存的重要理念。

企业管理是组织生产效率和降低交易成本的一系列行为的统称，由此定义可知，企业管理的两大任务，就是提高生产效率和降低交易成本，这是企业的"天命之谓性"，是企业这种社会组织得以存在的基础。正因为企业具备这两种功能，客观上才可以去提高整个社会的资源配置效率，创造更大的社会财富。

在生产上，之所以遵循简易原则是因为分工，而简易又在不断地促进着分工。简易催生出标准化和最优的流程时间，这是生产效率提升的源泉。"简易生产原理"在历史上主要有两个标志性的进展：一是 1776 年亚当·斯密时代的分工理论；二是 1911 年科学管理时代泰勒的标准化尝试。

传统的农业生产，以及早期的手工工场，都是劳动者一个人完成整个生产工序，劳动内容非常复杂。即便当时的技术并不复杂，但生产铁锹、马车、布匹这些产品的工序，也至少有十几道不等。一个人要熟练掌握十几道工序的工作内容，并不容易。从亚当·斯密时代开始，工厂里开始实行较为广泛的分工，每个人就管一道工序，纺纱的只管纺纱、染色的只管染色，甚至小小的缝衣针，也由专人负责。

分工的后果是，每个人的工作内容，都变得简单之极，可能就是两三个动作，清楚明确。不断重复如此简单的动作，劳动熟练程度自然能得到极大的提高。只要管理者把每道工序之间的衔接关系处理好，则同样的十几个工人，生产量就能提高好几倍。所以亚当·斯密在《国富论》中开篇即论述劳动生产效率的提高都是分工的结果。由于分工而使同一数量的人所能完成的工作数量巨大增长，它归因于三种情况：第一，每一个特定工人熟练程度的提高；第二，节约流程损失时间；第三，方便和简化了劳动。亚当·斯密说："分工通过使每个人的任务减少到某种简单的操作程度并使这种简单操作成为他终生的唯一职业，必然极大地增加工人的熟练程度。"企业遵循简易和标准化原则，可以扩大生产规模，也必然会不断地改变着产量、价格和市场份额。

分工的简易之能，在泰勒时代更是得到了细化。泰勒引入科学实验的方法，对本来已经很简单的劳动动作，再进行准确的分析和设计，以秒表为计量工具，设计出精致的标准化的分工动作。工人熟练掌握了，生产效率当然也就提高了。

当然，这种简易的生产方式，虽然提高了生产效率，但同时也使人成为机器的奴隶，对人不够尊重，利弊相生，这就需要中庸观的平衡。但这个原理本身是科学的，因此只是需要平衡，而不是否定。在今天的工厂里，同样还恪守工序分工和简易劳动。在制造汽车的生产线上工作的工人，其一生可能只是负责拧上几颗螺丝钉。

所以，简易之德的企业管理，首先就是精细分工、工作内容清晰明确的管理，是各得其所的管理。因为"易知、简能"就比较容易让人了解、操作，就容易普及，就真正地有功于社会、有功于历史。

3. 简易原则降低交易成本

市场经济与农业社会的不同，在于企业生产是以交换为目的的，而不是自产自用。在市场经济下，企业的生产效率提高了，产量增加了，但还要把产品卖出去，现金才能进账，事情才算完成，所以交换对企业来说非常重要。

在交换中，如果产品简易的让任何一个普通消费者不需要经过专门的训练就能使用，那么产品本身就会扩大企业的目标市场。现代社会的人们对越来越多门类的知识了解得越来越少，但在某一领域内却知道得越来越多，这就是专业主义，专业主义的本质就是越来越精深的人类分工。专业主义造就了人类最重要的需求：我不需要知道得太多，但是我需要使用这些产品，所以，用起来越简单的产品就越好。

为什么微软会有今天？微软在给 IBM 做 OEM 的时候，生产的 MS-DOS 是一次创新，但只是尝试性的。虽然简化了人机交流的方式，但电脑操作者还是需要记忆大量的操作指令语句，比如 edit config. sys，等等。从 Windows95 开始，微软给人类带来了鼠标时代。从此，高深复杂的电脑操作变得简单之极，一般人都很容易掌握，这是生产工具的重大革命。

同理，数码相机、自动挡汽车、一键恢复功能等，其实都是简易思维下的产物。1979 年索尼公司推出随身听，这种产品的创新特点其实一直沿用到今天，不同的仅仅是录音磁带变成了 MP3。所以，去寻找产品还不够便利、不够简单的环节，就是企业创新的空间。

简易对于交换的意义，核心在于使消费者减少行为支付。简易原则在今天的市场经济中具有重要作用，但对其深入的研究还不多，其中一个重要的原因就是法学家和经济学家的沟通还不够。因为解答类似的问题必须同时使用法学和经济学的理论，好像我们用筷子吃饭，必须是两根筷子一起用，只有一根，等于没有。

简易的产品之所以在市场上能够攻城略地，是因为简易原则里蕴含着一个非常深刻的合同法理论，就是合同的客体是行为。企业让消费者更简单便利地使用产品，实际上是减少了消费者付出的代价，减少了消费者的交易成本。简言之，消费者需要付出的成本减少了，等于你的产品更“便宜”了，这是最深刻的价格竞争。

对消费者而言，对于必要的货币支付，是有心理准备的，只要价格还算合理，就可以与供应商交换产品。但此交换的过程，如果能让消费者更简单、更省事，支付更少的交易成本，则成交的几率会更高。总之，让消费者觉得越简单，供应商就越容易达到目的，这是科斯交易费用理论的新发挥。

4. 大道至简：一切竞争都是利益竞争

市场竞争，表面上千姿百态，创意不断，各有绝招，其实大道至简，我们归纳之后就会发现，一切竞争都只不过是利益竞争。这是一阴一阳之谓道的归纳，是高屋建瓴的涵盖，色相纷呈，本质如一，因为再高明的竞争手段，归根结底，也是要“折成钱”的。

大道至简:一切竞争都是利益竞争

- 成本 + 交易成本 = 价值 + 交易成本
- 价格的定义,消费者的全部成本
- 简易原则降低交易成本
- Dos 系统、傻瓜相机、麦当劳

所谓市场，其实质就是交换的总和，通常我们把某个产品的交换总和，称为该产品的市场，比如房地产市场、快速消费品市场、劳动力市场等。市场是由价格机制为主调节的，展现着供给与需求之间的潮起潮落，但管理者需要深知，此处的价格，并非产品标签上的售价。

假设有两件一模一样的笔记本电脑，甲电脑售价8000元，乙电脑售价8200元，一般说来，消费者会选择购买甲电脑，因为便宜200元。但是，假设购买甲电脑需要消费者事先两天进行预约，并开具收入证明，提货时多走25分钟的路，等等，这些附加的交易成本就足以令消费者放弃购买，因为实在太麻烦了，不如多花200元购买乙电脑为好。

商品的售价不仅仅是货币的体现，还包括为了交易而必须承受的“麻烦”。这种麻烦，就是消费者的交易成本，这也是消费者为了购买商品必须支付的成本，这也构成了产品真实价格的一部分。并且，消费者的交易成本中，还包含着机会成本，视消费者时间价格的不同，此机会成本可能会非常昂贵。网络上流传的故事说，假设比尔·盖茨掉了一张1万美元的钞票，他不应当弯腰去捡起来，因为捡钞票需要至少20秒时间，而比尔·盖茨的时间每分钟价值5万美元，所以，将时间配置在捡钞票上，是亏损的。这个故事虽然是杜撰的，但却深刻地讲出了机会成本的道理。

继续对甲乙笔记本电脑的案例进行分析：虽然乙电脑贵了200元，但是厂家送货上门，就减少了消费者的交易成本，并且厂家还承诺较长的质保期，以及质保期内的免费维护，不但减少了消费者的交易成本，而且附加了产品的溢出效用，结论是，多花200元是绝对值得的。

请注意，此时消费者节约了机会成本，厂家增加了现金流入，即交易双方共赢，都有收获而无损失。

管理先进的企业，会提出“不要打价格战，应该打价值战”的理念，这是管理升级的观点，值得钦佩。但是，所谓价值战，其实是不同细分市场的竞争，香格里拉大饭店和街边小旅馆相比，其价值和价格当然不同，不具备产品的可比性，并非我们要讨论的竞争。

于是，价值战中，如果产品质量和产品附加值的改善，比如增加售后服务和保修内容等，达到了脱离原来细分市场的程度，就不是竞争的本身定义，如果质量和附加值的改善，未脱离原来的细分市场，则只好接着拼价格，别无他法。

5. 价格原理：产品 + 溢出效用 = 货币 + 交易成本

在市场经济条件下，价格战是注定的，因为归根结底，一买一卖的市场交易，后面有价格机制在调整。对管理者而言，主要的问题是，应该如何打价格战。

价格战也是智慧战，不一定是生磕死扛的硬拼，缺乏技术含量的战斗，效果不一定就好。价格战的智慧，全在于对价格原理的深刻洞察。

价格原理：产品 + 溢出效用 = 货币 + 交易成本。比如说要买两袋方便面，这是产品，每袋 3 元，但是买二赠一，这姑且算是“溢出效用”吧，消费者总计需要支付 6 元钱，实际上每袋只有 2 元。至此，价格原理中的三项都考虑了，最后，消费者交易成本就成为最大的问题。

即便是家乐福、沃尔玛这样的连锁店遍地开花，零星的社区小卖部仍然有很好的生存空间，就是因为价格原理的最后一项，即交易成本的优势。如果只是为了购买两袋方便面，那么你绝对不会开车去家乐福，麻烦不说，也浪费汽油，即便步行过去，可能也要排队结账，购买五件以下商品可以走快捷通道，还是不如去楼下小卖部方便。

对企业而言，最喜欢的自然是市场份额的扩大，是消费者的需求。对于快速购买方便面这个需求来说，小卖部在此细分市场领域内，就拥有比家乐福还大的优势，即便小卖部方便面的零售价高于家乐福的零售价，也没有买二赠一优惠促销，但一样能销售出去，关键就在于消费者获得了交易成本的便利，此成本折成钱来计算，比如消费者的时间价值是每小时20元，那么，小卖部的产品售价还是“相对便宜”的。除非你一次要购买大量商品，或者购买大件商品。对于零星的快速购买需求来说，小卖部相对于家乐福，反而拥有垄断优势，因为这种需求的“规模不效益”阻止了大型企业的进入，这是“一阴一阳之谓道”的市场辩证法。

所以，在产品、溢出效用和货币三个变量不变的情况下，哪一家企业可以让消费者的交易成本更低，哪一家企业就拥有巨大的价格优势。

前面我们提到方便面买二赠一的时候，我们姑且将之称为“溢出效用”。所谓姑且称之，意即从本质上并不是，因为买二赠一，并非溢出的效用，不是增加了附加值，而只是降价促销而已，这是现在常见的手段，并且效果严重贬损，属于生拼价格的红海战术。

真正的溢出效用设计，无须增加企业太多的成本，却能为消费者创造更大的价值。简言之，企业并不失去什么，而消费者有所得，这是企业与消费者之间的共赢。

假设企业的产品成本与消费者支付的货币数量不变，在此前提下把产品的“品质”提高，以溢出效用变动性价比，这才是价格战中有意义的“减价促销”。去银行存钱，可以喝到免费的纯净水，这是服务质量的溢出效用；储户无须长时间等候，是在节约交易成本；去保养汽车的时候，可以免费上网以消磨等待的时间，有关车辆的一切检查事项和手续办理，都由工作人员一次搞定；饭馆可以存酒，茶馆可以存茶，这些表面上被称为“服务”的事项，其实是包含在产品品质中的，是在满足通常交易内容、通常契约义务的前提下，对方又增加支付给你的内容。

松下幸之助说，一碗面价钱相同，诚心诚意对待顾客，服务人员态度非常亲切的饭店，自然能招徕更多客人，这是真正的溢出效用。同样一碗价值 10 元钱的牛肉面，顾客在某饭店里吃，觉得舒坦，饭店环境、服务态度都挺好。也就是说，顾客获得了额外的心理满足，这个额外的效用不需要顾客另外付钱，那么顾客当然会经常光顾这家饭店了。而对商家来说，微笑的经济成本是很低的。

与微笑同理，如果某服务员跟你打招呼并且能准确记得你的姓名，你也获得了心理效用的满足，属于价值增量。原价 400 元现价 150 元的商品标签，常常令顾客怦然心动，觉得买下这样的商品是捡了大便宜，即便内心深知其不可信，但仍然存在心理抚慰效果。所以此手段一直被商家乐此不疲地使用着。这些都是很好的管理哲学案例。

但是，更高明的是机票和酒店定价策略。一张机票，全款 1000 元，假设你买到一张打了 4 折的机票，你会非常开心。但是按照此时的市场供需平衡，这机票本应当定价 400 元。你得到的折扣优惠其实并不是商家的损失，而是这一优惠空间本来就是不该存在的，这就是机票的定价技巧。航空公司实际上并没有失去什么，但仿佛好像每天都在给消费者送大礼。给你折扣，你就很开心；不给你折扣，你也会觉得很正常。其实这是航空公司掌握价格主动权的结果。

6. 复杂：繁简互致的管理辩证法

管理哲学的第四个方法就是对立，对立然后才能统一。既然在企业管理中简易的力量那么大，那么复杂也是简易原理的另一个角度。

复杂自然不是自己给自己找麻烦，而是通过迂回、细化、组合等方式，寻找更好的商业机会，实现管理目标。

同理，刻意制造的交易成本，一样可以有其独立的意义。某些机构就深刻洞悉其中的内涵。比如，你想要做一件事，而领导并不赞成这件事，但他并不反对你，或者并不直接反对你，而是给你制造交易成本，比如让你盖七个公章，提供五份证明，填写四十份表格。其结果是，耗时特别多，花费又多，心力交瘁，成本太高。很多情况下，这种事情都是无疾而终。交涉谈判也是一样，无须直接否定对方，只要学会给对方设定条件，制造成本，这皮球就算踢出去了。

所以，简易有巨大的功用，但复杂也有存在的价值。《易经》思想就是这样，不走极端，世事都并非非此即彼。《易经》管理哲学的本质，就是管理辩证法。

迂回生产和市场细分

在生产上，复杂是迂回生产的产物。

迂回生产是经济学中非常重要的理论，比如你是杀猪的高手，杀猪是你的专业，但你可能并不是制造杀猪刀的高手。所以如果一个人生产的杀猪刀非常锐利，做你的供应商，你就能把杀猪的效率提得更高。这是生产迂回了一次，社会资源配置得更好了。你也不是冶铁高手，于是你的供应商负责炼铁，而炼铁的供应商不见得是采矿的高手，等等。总之，经济越发达，迂回的生产就越远，越复杂，而迂回生产的每一个环节也就更加专业化，生产效率更高。最典型的就是当今 IC 和 IT 产业复杂而细致的专业分工。正如保罗·萨缪尔森所说：“迂回的生产手段，通常比直接的生产手段更加富有效率。”总之，繁简互致，对立不已，管理哲学的智慧是多么美妙啊！

据说一碗普通的白米饭，从种粮的农民兄弟开始要经过 40 多个中间环节，才能摆在餐桌上。一项投资 10 亿元，为什么能产生 50 亿元的效应，就是因为千丝万缕的产业链一动，投资效果自然就被放大了。

描述这样的客观规律是管理哲学本体论的范畴。

其实“简易生产”原理之所以能够简化劳动，并因此通过提高工人操作的熟练程度而提高生产效率，就是因为它是建立在生产环节更复杂、分工更复杂的基础之上的，是繁简互致的产物。当代经济社会，任何一个产业，其实都被演绎得非常复杂，于是就形成了无数个企业勾连着的生态系统，并在此基础上，发展出了产业链，形成了相应的价值链理论。

在交换中，复杂是市场细分的要求，或者说是市场细分的结果。

市场细分是社会产品丰富和社会财富积累到一定程度之后，消费者偏好多元化的产物，是差异化的复杂。就存在竞争的市场而言，细分案例举不胜举，大到豪宅与青年公寓，小到个性化的蛋糕和印制个人头像的水杯，这是市场经济发展到一定阶段之后个性化的必然体现。

繁简互致的管理辩证法

牛顿说：“把复杂的问题简单化，可以发现新定律，把简单的问题复杂化，可以发现新领域。”繁简互致，就是“一阴一阳之谓道”的管理辩证法。

苹果落到地上，雨点也落到地上，跳楼的人也一样会摔落在地上，各种各样的表象看起来复杂之极，抽象出其背后的规律，牛顿逐步提出了三大定律。企业管理也是一样。管理者每天遇到千万种事务，应当从处理事务的经验中逐步归纳出一些核心的原理、规律，再以自己形成的认识、原则，去指导种种复杂的事务，这是一个繁简互致的过程，是管理者管理哲学境界不断提高的过程，是管理者人格力量逐步形成的过程。仅看到“繁”，就事论事的管理者，必然效率低下而且自己也身心疲惫；仅看到“简”，好像非常高明，而在实践中却不会操作，这是纸上谈兵的管理者，装模作样一阵之后，必然遭到客观现实的惩罚。

读书也是一样的道理，当前出版物不计其数。在这个喧嚣的时代，每年能阅读 10 本书的，就是积极的读者了。但是读书必须有由繁入简的能力，从纷繁复杂的大量信息中归纳其中的规律，形成自己的认识，读书才有意义。接下来，要自己的学习体会，提升自己的心灵境界，指导自己的现实生活。繁简互致就是这样科学的学习过程。如果是商业计划书，繁简互致的要求就更高，繁在详尽，使投资人了解企业信息；简在精练，三言两语就能把核心问题表述清楚。

管理就是该简则简、当繁则繁的互致过程。繁简不断地排列组合，便出现了无数种企业创新的手段。它可以是简易化思维的利用，比如简化，微软的界面容易学习，于是公众都可以使用电脑这种现代化的生产工具；比如整合，把若干遥控器的功能集于一身，生产“整合遥控器”；比如除弊，把不必要的功能去除掉，反而提高了性价比。同时，它也可以是复杂化思维的产物，比如组合，铅笔加橡皮就是新的细分市场，手机能拍照也是；比如功能细分，同样销售鸡蛋，有的企业的鸡蛋经过调整饲料配方，有些是专供孕妇的，“一枚蛋滋补两个人”，有些是专供高考考生的，“一枚蛋寄托全家的希望”，等等。

在管理上，繁简互致当然不仅仅是细分市场手段，而是有很多很大的施展空间。比如，买卖环节需要支付流转税，这是复杂的弊端。所以，如果有能力的话，企业更愿意把供应商收购进来，以内部流程代替市场交换，由繁入简，可以减少税收负担。

繁简互致，是重要的管理能力。

【二】

变易：唯一不变的是变化本身

世界是物质的，物质是运动的，变易就是运动的辩证法。宇宙本身也是发展和演进的，这是自然的规律，市场在变，环境在变，我们自身也一直处在变化之中。

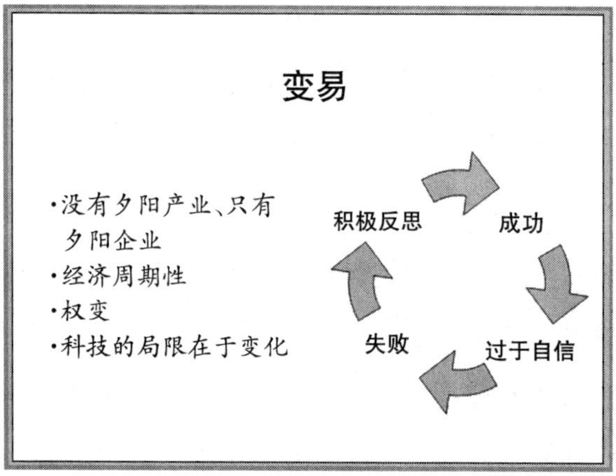

福特最早认为，价格就是一切，规模效益和流水线降低了成本，所有美国人就都会购买便宜的福特汽车。他成功了，所以福特管理法成为历史上著名的管理案例。当市场发展到一定程度，消费者从“有车”的需求转化为“有个性化的车”的需求的时候，单纯地追求规模效益、低成本的战略，就不再适应市场的要求。并且，鉴于巨大的沉没成本，福特不得不徘徊了20年去转型，在新的市场需求面前，福特是失败的。

这就是变易，变易使得人既往的成功经验，变成失败的原因，造化弄人之间，是一阴一阳的轮回。

有人说，没有夕阳产业，只有夕阳企业，以此鼓励企业追求进步。这样的鼓励初衷是好的，但客观上又令企业陷入危险境地。因为变易永恒存在，所以产业也有夕阳问题。如果某企业仅生产BB机这种早被市场淘汰的电子产品，相信即便企业管理水准再高，也难以立足于市场。

变易是永远存在的，唯一不变的是变化本身，但是变化又经常不易把握，所以《易经》才说："知变化之道者，其知神之所为乎。"

变易思想，其实要从《易经》的"易"字说起。"易"字的来由，一般有两种说法，一说是说蜥蜴的象形为"易"，一说是日月交替为"易"。我们认为这两种说法其实有共通的地方，因为持蜥蜴说的，会深入解释为古人发现蜥蜴会随着白天黑夜而变色。总之，《易经》的"易"本质上就是变化，所以不少学者认为，如果《易经》被翻译成外文的话，不要用"易"字的汉语拼音作为题目，而应当直接取变化的外语单词意思，这样才更准确贴切。

《易经》思想中所谓的"老天保佑"，其实是要求我们与时偕行，唯"变"是从的"穷则变，变则通，通则久，是以自天佑之，吉无不利"。

变化总是存在的，所以牛顿的绝对时空观才被爱因斯坦突破，所以西方人好像忽然间发现：唯一不变的是变化本身。权变原则，即变易思想，好像是上世纪九十年代才正式进入管理理论的，作为管理界指导管理的一个重要的思想基础。

一种新的管理思想产生，或者说被人们普遍接受，是有其适宜的土壤和条件的，是为了在实践中直接指导人们的行为，帮助人们提高生产效率的。所以有什么样的现实生产需要，有什么样的现实经济条件，就会产生什么样的管理思想和管理技术，这是符合变易的辩证法的。

从事宏观经济管理研究的人，不会认为应该永远摸着石头过河；

投资经营中小企业的人，不会永远认为凭借关系就可搞定一切。把以往的成功经验凌驾于变易的现实之上，通常是失败的第一特征。尽管西方科技管理发展水平很高，但仍然不能解决的还是变易问题。因为变量不能穷尽，就不能说科技分析做到了极致，这是人脑和电脑的本质区别。

1. 洞察演进

福特一世未能及时地洞察市场演进，致使企业在较长时间内陷入困境中。今天的管理者，应当知悉这个管理的基本原理，即需求递进理论。

需求递进理论，这是社会学，确切地讲是社会心理学理论引入管理学领域的结果。最早提出这个理论的是美国社会学家马斯洛，所以通常也称为“马斯洛需求理论”。

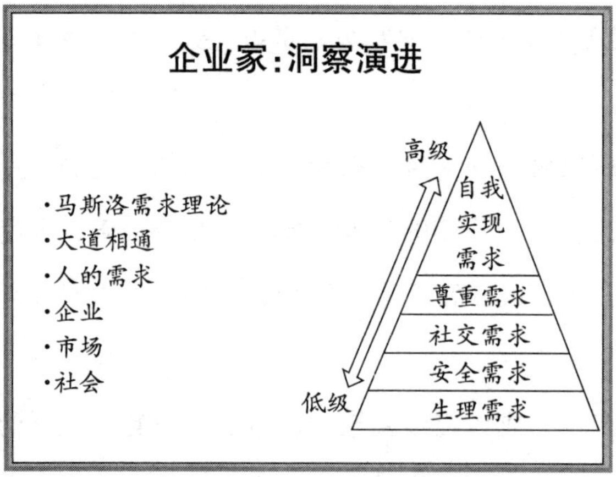

马斯洛理论的核心是“人的需求是有层次的、是递进的、是不断发展的”，马斯洛把人的需求从低级到高级归纳为五个阶段，分别是生理需求、安全需求、社交需求、尊重需求、自我实现需求。

中华文化的三大理念是大道相通、大道至简和阴阳对立，这是《易经》留给我们民族的宝贵遗产。在生命周期理论中，我们可以体会到企业发展、个人职场成长以及产品周期变化的类似规律，可知大道是相通的，在马斯洛需求理论中，也贯穿着类似的规律。

我们每个人以自己的切身生活经验，即可体会出个人需求的不同层次及演进。比如刚毕业进入社会的大学生，最要紧的就是先挣得一份月薪，以支付房租、交通费等沉没成本，待生存问题解决之后，就希望收入能更加稳定，进而寻找归属感，通过社交活动寻找自己的圈子。直到“生存能力”基本无忧时，则“生活选择”的高级需求排上日程，于是，希望获得更多的社会承认与尊重，并不断地去追寻和证明自己存在的价值。

马斯洛需求理论是泛指的，“有经有权”是管理哲学的重要思维，即“有常态有特例”。即使对每个个案而言，不同层次的需求也并非泾渭分明地分层级出现，而是掺杂甚至跳跃性地出现的。

作为企业家，能否洞察市场演进，其实是企业能否“或跃在渊”的要诀。所谓“或”，以财务角度解释即“有机会有可能”。而洞察市场需求的演进并储备资源，以将此可能性转为现实性，就是英国著名经济学家阿尔弗雷德·马歇尔所讲的“企业家才能”的重要组成部分。

2. 衰退的唯一原因是繁荣

西方管理权变理论的简易表述，即“唯一不变的是变化本身”，与《易经》的变易思想是相通的。但对管理者而言，知道“会变化”是远远不够的，更重要的是知道“为什么变化，怎么变化”，即变化的原因和规律，以及应该怎样应对变化。惟其如此，变易思想才能在实践中体现出价值，根据这一思想制定的管理策略才能得到有效执行。

对管理哲学中变易思想的理解，我们可以用一句话概括，即衰退的唯一原因是繁荣这一物极必反、否泰循环的《易经》哲学思想对我们的深刻启发。企业为什么会打价格战，因为这是供给与需求之间不断对立统一的互动，是生产递增但消费递减的必然演绎，是“一阴一阳之谓道”的体现。衰退的唯一原因是繁荣，这个市场原理背后的原因就是“投资加速递增趋势”和“利润衰退周期规律”。

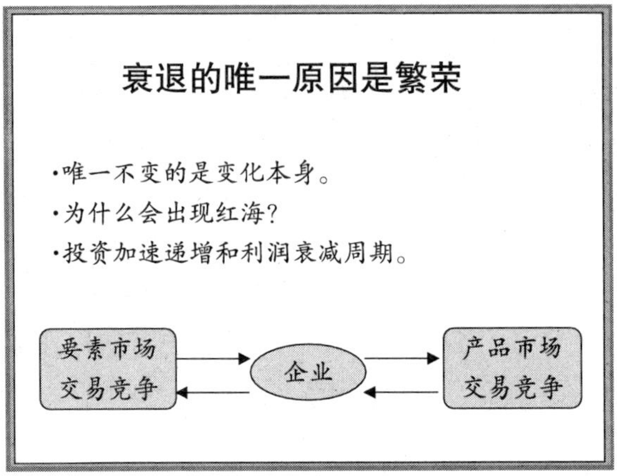

企业在市场中生存，总是同时面对两个市场：一是产品市场，这是企业产品和服务的销售去向；二是要素市场，这是企业生产所需资源的来源。

通常人们认为，生产要素包括土地、资本、劳动和管理。在要素市场上，企业之间也是相互竞争的，因为资本是牟利的，会趋利避害地选择“出嫁对象”。如果你的企业生产的产品成功地占有了市场份额，效益好，增长快，利润高，于是资本在逐利本性的驱动下，就会投入你的怀抱。但是，世上并没有哪一家企业可以“通吃天下资本”的，所以，百舸争流，其他资本就相继投入你的竞争对手的怀抱，这些对手包括同类企业、替代企业、模仿企业、复制企业等。

这是一个资本叠加的加速递增过程。企业的成功为市场群体提供了信息、样本和榜样，上万倍的资本就都进入了这个市场。但是，通常情况下，市场的增长速度要慢于资本追加的增长速度，市场容量按照边际效益递减的态势成长，增长到一定程度就会饱和，消费也会产生审美疲劳。而资本的供应量却可以一直上升，一波未平，一波又起，于是，此消彼长，资本加速递增的过程就引发了利润衰退。

在这种情况下，市场就比较危险，因为先进入的投资者有可能追加投资，就像补仓一样，企图摊薄成本，以此击垮后来的竞争者，后进入的投资者如果不愿意割肉就也一定要跟庄接着叫牌，到最后也许会出现这样的局面：谁都进不了，但谁都退不得。所以经济学告诉我们，“衰退的唯一原因是繁荣”，说的就是这个市场变易的深刻规律。

要摆脱这种残酷的要素博弈，只有靠创新和垄断。简言之，制造稀缺是企业安身立命的不二法门，这是不易的管理哲学，是最有用的管理工具。

3. 制造稀缺是竞争的不二法门

《易经·系辞下》：“天下同归而殊途，一致而百虑。”即便这世界上有成千上万条经济学原理和管理教诲，但归根结底还是一句话：制造稀缺。

制造稀缺是企业竞争的不二法门，是企业管理的定律。

我们经常听说这么一句话：企业的价值在于给消费者创造价值。这句话需要我们辩证地去理解，因为给消费者创造价值，只是这一类企业存在的理由。而为什么存在的是你的企业，而不是他人的企业。也就是说，你的企业必须有存在的理由，这个理由，就是你的企业具有不可替代性。

企业的价值，是由两个条件组成的，其一是对市场有价值，其二是该企业不可替代。按照系统论的要求，这两个条件就是两根筷子，缺少任何一根，都无法发挥功效。

换句话说，对企业而言，真正的管理要术，就是对内利用标准化等手段，使企业成功的经验能够不断被复制；对外利用垄断手段，使企业成功的经验不能为别人所复制。内“圣”外“王”之中，企业就能实现基业长青。

所谓企业的核心竞争力，其实就是竞争对手难以复制的企业优势。阻止别人复制，形象地说就是给别人设置门槛，设置障碍。别人难以模仿和复制，就体现了你的稀缺性，继而形成你的垄断优势，这也是制造稀缺的方法。

垄断其实并不是一个贬义词，而是一个中性词，它指的是在一定市场范围内具备排他性的优势。由于“垄断”一词经常被实力雄厚的企业或者是权力机构所利用，成为剥夺社会利益、侵害市场秩序的代名词，所以，人们对“垄断”充满了警惕。对于垄断的中性含义，我们也很少提及，可能是生怕弱化了对恶性垄断的批评效果。

但是，作为企业管理者，应该清楚地了解垄断的真正含义。垄断的本意，就是一定市场范围内的排他性优势。竞争激烈，客观上就降低了企业的利润。而在排他性的市场时空范围内，竞争自然就不充分，此时对企业来说，当然是天时地利人和。

经济学上的价格原理，其假设前提就是资源的稀缺性。资源有限，资源配置到哪里，都会成为经济学的永恒话题。如果到处都是美女，就不再需要选美 PK，美女经济也不会“热火朝天”。大道相通的是，企业的产品稀缺，消费者就需要竞争，接下来企业的股权也就稀缺，资本市场自然就可以大规模溢价。

4. 制造稀缺的八种垄断方法

垄断是人们很早就觉察到的一种经营手段，在历史上产生的时间很早。古希腊哲学家亚里士多德在其著作《政治学》中就记载过一个垄断案例，体现出企业在一定时空范围内的排他性优势：在西西里，某人刚刚掌握到一笔存款，就用以购进铁厂所有的存铁；随后，当各地铁商来西西里买铁时，只有他一人能够供应现货。他不用过分抬高铁价，就由那五十泰伦的存款赚进了一百泰伦。这位古希腊伟大的哲学家同时在书中深刻地指出垄断的原则“就在于造成某一事物的专有”。

可见，不管时间或空间范围，只要是垄断，就必然产生垄断利益。如果时空条件都具备，那么企业必定获利，因为在通常情况下，垄断价格肯定高于市场竞争价格，所以，垄断利润是一种超额利润。

制造企业稀缺性的垄断原理，其核心就是“进入门槛 + 不可替代”。进入门槛越高，竞争越不充分，不可替代性越强，企业获得的利润就越多。

下面我们简单了解一下企业管理中可以使用的八种垄断方法。

自然垄断：茅台酒和姚明

因自然条件和天然禀赋造就的个性特征，以致别人难以复制和模仿，我们称之为自然垄断，这通常是可遇而不可求的资源优势。

比如茅台镇的美酒就得益于当地得天独厚的自然条件，换一个地方，也用同样的生产方法，做出来的产品品质就不好，这就是自然垄断。如果你和姚明争篮板，那自然是他优先，对于姚明来说，身高就是他的资源优势。

自然垄断，也叫资源禀赋垄断，俗称“特产”，贵州茅台之外，还有中国云南的普洱茶、阿联酋的油井、南非的钻石，这都是地利的优势。

企业选择投资时，其初难知，能否占据此地利先机，是非常重要的决策和机遇。

规模垄断：发电或者铁路

规模垄断，是产业特征上的自然垄断。

一个产业形成规模必然需要巨大的固定成本，前期投资巨大，之后必须有足够大的销售量，才能逐步摊薄成本，获得利润。比如电信、地铁、通讯网络，这些都是必须达到足够大的规模才能产生效益的产业。巨大的沉没成本是一般人难以逾越的“门槛”。中小企业一般与规模垄断是无缘的，因为规模本身就形成了门槛。

并且，这类规模产业均涉及国计民生，企业自然与政府有着千丝万缕的联系，所以，这种行业内的企业通常都比较稳定，只有发展前景，而无存身之忧。概括来说，只有赚多赚少、怎么做报表的问题，而没有赔钱的顾忌。

行政垄断：政府许可或者专卖

行政垄断，就是以行政手段设立的市场门槛。

其中，正常的行政许可、行政垄断是任何国家都会有的。企业注册的照前审批或者特许经营审批事项等，比如烟草专卖、金融许可、建筑设计，等等，都不是搭个草台班子就能做的。即便一张北京四环以内的货车通行证，对于搬家公司来说，也是行政许可给的利益。当然，这些管制应当是出于现实的需要，并且规则要平等。

因为每一次行政垄断都是在人为地制造市场稀缺，所以，如果行政机关和行政官员有自己的利益，或者与企业有共同的利益，人们就要警惕了，因为这样的行政垄断随时会掠夺他人的利益，损害社会的公平，阻碍社会的进步。通常情况下，人们希望政府不要轻易设定行政垄断，而是恰恰相反。“垄断是厂商的本能取向，反垄断是政府的天然职责”。

差异垄断：产品差异和企业文化

专业主义就是细化分工。企业战略就是寻找属于自己的市场分工领域。分工确立之后，企业要在这个市场上站得住脚，必须要在这个专属领域内具备一定的优势。当企业在这个分工领域内的优势足以阻止或者延缓其他竞争对手进入这个领域的时候，企业在这个细分市场范围之内就具备了排他性的优势，也就是垄断优势。

这个细分市场的范围，也许很大，也许很小。比如全球个人电脑操作系统，这个市场范围内的垄断企业就是微软。而城市很多小区里的小卖部，对于想迅速到楼下买瓶酱油然后回家接着做饭的居民来说，也具备垄断优势。

如果你洗头发的时候喜欢清凉的感觉，那么你的交易偏好可能就选择海飞丝薄荷洗发水，对所有同样像有你这种偏好的顾客来说，海飞丝薄荷洗发水就具备了产品特征上的垄断优势。再比如“沸腾渔乡”的水煮鱼对于麻辣口味的食客们来说，就比烤鸭或者鲍鱼更有垄断优势。所以经济学上说“有差别就有垄断”，这些产品特点上的垄断优势是产品专业化的产物，是消费多元化和市场细分的结果。

企业本身也是市场的一个主体，是要素市场上的一个“产品”，不同的企业文化，区别出此企业与彼企业的差异。比如，企业的人力资源管理水平很高，有优秀的团队，这就是企业的文化，其他企业无法模仿和复制。竞争者大可以去吸引资本、采购设备、开发技术，“物”要素的内容较易模仿，但获得优秀的团队、提高管理效率、规范治理结构，却无法到市场上去采购。所以，文化永远是企业的核心竞争力。

创新垄断：时空观的演绎

所谓创新，就是以快打慢，就是以时间垄断换得空间的垄断。企业刚刚创新的时候，别人还没来得及模仿和复制，于是，至少在创新初始的那段时间内，企业获得了一个崭新的市场空间。在此空间内，企业暂时没有或者很少有竞争对手。

这是管理哲学时空观的精彩演绎，所以，保罗·萨缪尔森曾经说：“每一项成功的创新都造成了暂时性的垄断。我们可将创新利润视为创新者或企业家的暂时性超额收入。”

每一次企业创新，不管是新产品、新技术、新的商业模式，或者是发现一片新市场，都会使企业形成一次暂时性垄断，通俗一点地说，也可以叫“蓝海”。但长期内这种垄断又必然被打破，所以企业应该不断创新，用一个又一个暂时性的垄断形成长期的优势地位。

信息垄断：你的心里只有我没有她

信息不对称，是市场的大敌。有些信息不对称，是客观现象，比如厂家的产品很好，但是不知道顾客在哪里，或者是顾客非常需要厂家的这种产品，但是不知道在哪里才能找到。正是想解决类似的信息不对称，才出现了广告，出现了网络平台，出现了亚马逊和阿里巴巴等网站。

这些客观事实造成的信息不对称，不是企业价值臧否评判的对象，反而是企业施展才华的空间。但值得人们警惕的是，市场交易某一方故意隐瞒信息，遗漏信息，甚至提供虚假信息，那就是不道德的了，这样的信息不对称肯定会出现利益不均衡的问题。如果这种行为所减损的信息数量和质量恰恰是构成对方信赖利益的组成部分，那么在法律上就有追究缔约过失的责任，这是救济信赖利益损失的一种制度。

这种信息缺失，其实就是一种信息垄断。故意制造信息缺失，会引起大多数人的警惕，法律规定的也比较严格。而故意制造信息垄断，当前尚未得到强有力的管制，所以成为一些企业制造稀缺的组成部分。对于某些企业而言，甚至是其不惜重金经营的主要方法，值得我们警惕。

所谓信息垄断，就是给你信息，不但给你，而且是拼命地给你，让你除了有时间看这家企业给你的信息外，再也顾不得看其他信息。钱钟书先生说从前的人不识字就吃没文化的亏，现在的人识字了就上印刷品的当，说的就是信息垄断。人家提供给你的信息是按照人家的意图筛选的，并且占据了你全部的时间，垄断了你。

在商业上，信息垄断手法是大企业能够长期占据垄断地位的重要手段。我们整天都拿500强说事儿，可我们究竟购买了500强的几件产品？我们对500强的认知其实是远远超过我们对他们的实际需求的。为什么这么说呢？因为消费心理学认为，对于任何一种商品，人们平均只能记忆7种品牌，这也是广告学的基础理论。平均只能记住7种，那么消费者记得哪7种，这对于企业来说就非常重要。所以，不但刚有点钱的企业要“砸”广告，即使已经是500强了，也还是照“砸”不误，用大量的信息占领消费者的记忆，这样品牌优势才能建立和保持。我们不购买它的产品也没关系，可一旦需要购买这种产品的时候，我们的心里就只会有这种产品，而不会有其他的产品。有些小品牌的产品也许做得不错，甚至质量会更好，可是没有信息垄断的优势，也就不能进入很多人的记忆里，因此只能在市场中蹒跚而行。

信用垄断：品牌优势的本质

什么叫品牌？是说那些商标、字号吗？海尔的小人图画、奥迪的四个圆圈、IBM这三个字母？

马克思说：“如果现象形态和事物的本质会直接合二为一，一切科学就都成为多余的了。”商标只是一种信息载体，那些设计出来的图画、图像都只是“色相”，而色相是无常的。如果当初海尔申请商标的时候是六个小人的图画，或者奥迪申请的是四个三角，那么“色相”就与现在大家看到的不一样了。

品牌是企业制造出来的，代表企业信用的一系列标识符号，虽然品牌的色相纷呈，但其本质都是企业信用的外化。品牌是企业和产品素质的象征，对消费者来说是甄别市场信息的显著符号，甚至是垄断性的信息。

品牌有四大效用，即赢得信赖利益、提供市场细分、降低传播成本和克服产品周期。

品牌赢得信赖利益，无需赘述。出于对品牌的信任，消费者可能要比购买非品牌的产品多支付很多货币，而大品牌提供的身份识别，就是一个很好的市场细分策略。另外，品牌综合传播效应，自然降低了信息传递成本，对于企业来说就是利润增加，这是一阴一阳的体现。

品牌克服产品衰落周期，其前提是品牌信用具备延伸性。旧产品推出市场的同时，新产品可以立即获得品牌信用的延伸，并持续保持相应的社会评价和消费者的信赖，所以说，信用才是品牌的本质，品牌是企业商誉的外化。用钱“砸”广告做推广去经营一个品牌，是向潜在客户传递信息，并使交易对象基于对品牌的识别而对企业付出信赖利益。品牌就是要在细分市场让企业获得排他性的竞争优势。

从一个工业化的产品变成了社会生活的象征符号，这就是品牌的使命。

法定垄断：知识产权的禁用权

在各种各样的垄断手法中，有一种垄断是最应当得到认可、也最有利于人类进步的，就是智力成果的劳动创造者对智力成果的法定的垄断权利。比如专利权、代表企业信誉并作为识别符号的商标、著作权，等等，这些都是法律强制性地给智力成果创造者的排他性垄断利益。

获得智力成果通常是比较辛苦的，研究高新技术和创作传世佳作就更不必说了。虽然创造智力成果非常艰辛，但是如果大家使用这些成果却随意方便，技术模仿、技术破解、网络下载、粘贴复制，如此智力成果所产生的收益就不可能全为创造者所控制和享有。保罗·萨缪尔森说："权利人不能占有其发明的全部货币价值的情况称为不可划拨性。通过允许对知识产权的垄断，政府可以提高发明的可划拨程度。"这就是知识产权法律的价值内涵，当然，这种垄断有不同的法律规定，比如专利期满之后的技术就属于全社会了。

对于智力成果，尤其是技术专利赋予法定的垄断利益是从英国的第一部专利法（1623 年的《垄断法规》）、第一部著作权法（1709 年的《安娜法令》）开始的。正是因为有了这种法律制度，有了这种合法的垄断利益，才出现了工业革命。因为技术研发的投入非常高，据说瓦特在发明蒸汽机之前已经到了破产的边缘。如果没有这种一定期限内的技术垄断利益，蒸汽机一发明出来就立即进入公有领域，谁都可以免费使用的话，那么瓦特肯定会破产，说不定我们今天可能还会赶着驴车在高速路上行走呢。

美国专利局的门口镌刻着林肯对于专利制度的一句评价："给智慧之火添加了利益之油。"这油就是"垄断"之油，是绝对的好油，也是我们中国的企业必须去争一碗泼在我们智慧之火上的油。

【三】

不易：提炼管理规律

《易经》的三易原则，即简易、变易和不易，是相互关联、相互支持的整体，是一个系统的组合，一个都不能少。因为如果世界只是变易的，是复杂的，那么在各种各样的表象中，人岂不是要彻底迷失？

今天太阳从东边出来，明天从南边出来，后天从西边出来，如此毫无规律的变易，我们的生活该如何安排呢？

不易

- 形而上者谓之道，形而下者谓之器。化而裁之谓之变，推而行之谓之通。举而错之天下之民谓之事业。
- 法则规律，具体事务，理解后运用为变，依据变化道理推行是通，应用于天下。
- 稳定的规律与变化的事物结合起来，灵活应用于社会管理中。

管理规律（纯粹理性）

管理行为（实践理性）

管理艺术（判断力）

所以，变易是永恒的，但变易不是任意的、杂乱无章的。变易表象的背后，都有其内在的客观规律在支持和制约着变化的发生，这就是不易。《易经·系辞上》说：“是故形而上者谓之道，形而下者谓之器。化而裁之谓之变，推而行之谓之通。举而错之天下之民谓之事业。”不易就是一种形而上的道。所谓形而上，就是无形，没有具体的形状样貌、重量体积，但却是客观存在的，是一种规律，一种自然倾向。“道”不是人格化的，而是一种客观存在，是不以人的意志为转移的。但这些形而上的“道”，也不是彻底不可知的。人类通过观察和思考各种现象，并进行归纳，可以逐步了解“道”，并以已知之“道”，指导人类的生活和生产实践。但这种形而上的“道”，又是不可尽知的，是没有穷尽的。如果将这种“道”作为一个集合概念，一次性地去描述、阐释，又是不可能的，所以“道可道，非常道”。

人类的成长历程，就是不断从经验中提炼规律，再以规律指导行为的过程，其中某些提炼也许不妥，需要修正。但此形而上和形而下的关系是不变的，茫茫宇宙，总有一些客观规律和思维方式是不变的，需要我们不断去认识它们。

子曰：“赐也，女以予为多学而识之者与？”对曰：“然，非与？”

曰："非也，予一以贯之。"（《论语·卫灵公篇》）孔子说："赐啊，你以为我只是多多地学习就见识多了吗？"子贡回答说："对呀，难道不是这样吗？"孔子说："不是这样的，我有一个基本观念来贯穿它。"也就是说，孔子能够从诸多的事情中凝练概括出规律，然后再一以贯之地用规律指导实践。老子说"为学日益，为道日损"，意思是说去学具体的知识，总是越学越多的，这个设备怎么操作，那个指标怎么计算，这个软件怎么使用，这样"为学日益"的话，管理者就会疲惫不堪，也肯定不是一个优秀的管理者。真正优秀的管理者随着对管理认识的深入，越来越摸清管理的规律是什么，越来越知道核心问题在哪里，反而不需要掌握更多具体的管理知识。如果他们担任集团董事长，就会专心致志地制定企业的战略发展方向，做些高层公关的活动，对集团的具体管理当然是安排下级去做。

这就是对事物一般性规律的总结，是一种概括能力，"一以贯之"指的就是去追寻一般性的规律，从具体的事情中抽象出的普遍性的概念，不断趋近真理，趋近自然规律。法国著名哲学家帕斯卡尔说："一切是一，一切又各不相同。"这种概括提炼能力是每一个企业家，尤其是高级管理人才所必须具备的。管理哲学认为，高级管理人员不一定要具备很多所在行业的直接业务知识，而是更需要概括能力、总结能力、组织能力和人际交往能力，所以科技公司的老板一样可以管理好超市。

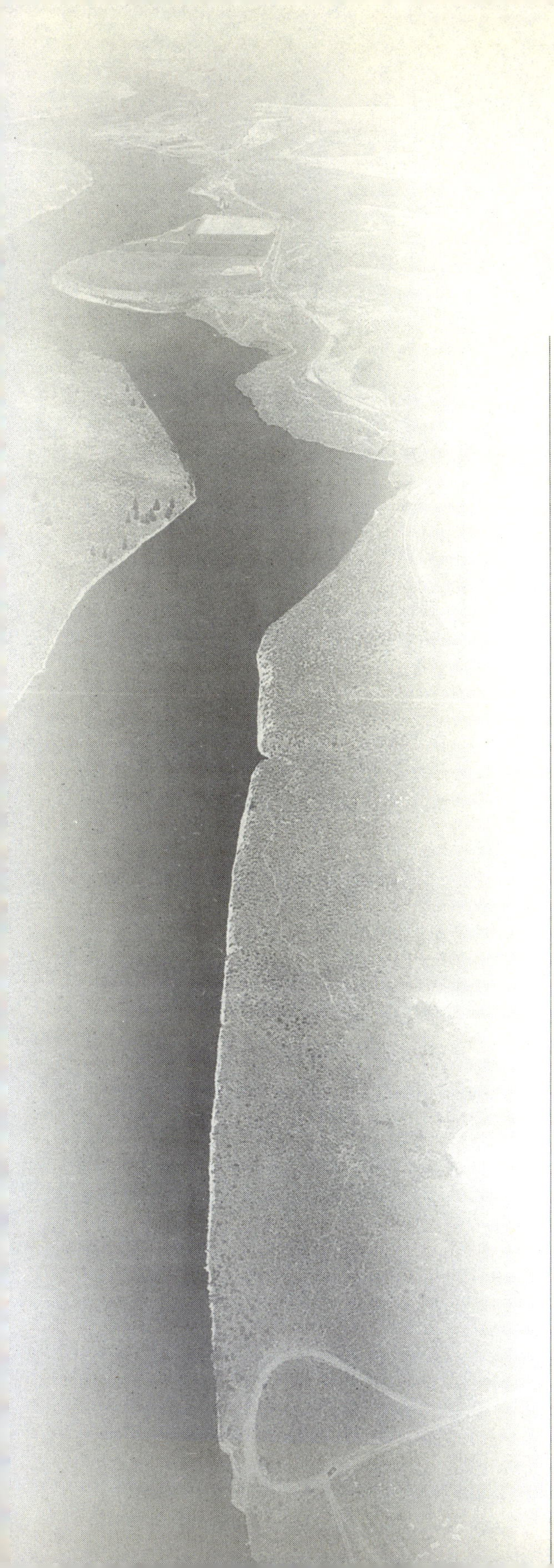

第六章

对《易经》的批判继承

人们对《易经》的怀疑和批判，亘古未断，今后肯定还会持续存在。

古人对《易经》的怀疑，主要侧重考据训诂问题，比如欧阳修怀疑《易传》的作者不是孔子。当代人则主要集中于对《易经》思想及历史效用的批判。自新文化运动以来，这种怀疑和批判引起了很多有识之士的思索和讨论。

这种怀疑和批判，正是人们更加深入认识《易经》所必须具备的态度和使用的方法。管理哲学的四大方法，分别是怀疑、定义、归纳和对立。其中，怀疑是首要的锐利武器，怀疑是真理的母亲，是一切科学思想的第一源泉。盲目相信和过于自信，都不是正确思考问题的方法。

在《易经》的所有讨论之中，最尖锐的一个问题，就是《易经》思想的负面效应。

《易经》思想既然深刻地影响了中华文明，是中华民族的文化基因之一，那么中华文明所表现出来的特质就肯定受到《易经》思想的影响，这是最简单的逻辑推理。换句话说，传统文化中有精华，这里面有《易经》的功劳；传统文化中也有糟粕，其中《易经》也起到了作用。

从正面看，《易经》思想中的辩证法与和谐观是值得我们继承的。人与自然的和谐是人类的终极理想，从整个人类历史来考察，这种天人合一的境界应当是人类的发展方向。

从负面看，这种天人合一观念指导下的社会思维，过于侧重于人伦的体察和设计，而缺乏形而上学的探索，对自然科学的客观规律认识不足。在近代，由于人们受《易经》思维方式的影响，在一定程度上影响了科技的发展。

《易经》思维方式的特点是对立统一的有机整体观，强调事物之间的联系，以辩证思维为主的经验思维，而非机械论。在这种整体、直观、有机、模糊的思维方式下，后人侧重于经验的直接类比，而没有钻研希腊哲学开创的形式逻辑方法。

比如，中西方论证逻辑，很大程度上体现了两种文明的差异。从亚里士多德开始，西方论证的基本演绎过程是假设 A 大于 B，B 大于 C，那么 A 大于 C，从前提到结论，喜欢缜密的推理。到了培根的新工具论，更是强调观察事物之间的关联，并谨慎排除干扰，才能去归纳定律，这是自然科学的必经之路。而中国传统文化中的多数论证，是孟子舍生取义的方式，以“鱼”和“熊掌”不能兼得，推论舍生取义的道理，直观上立即可以体会，但其间的重大危险，是跳过了如何从“熊掌”推论到“义”的环节，二者之间的关联并无逻辑推理，这是类比论证的利弊相生。

当前中国的企业家应该加强逻辑思维和科学实证精神的锻炼，因为科技方法是至阳至刚的，永远是企业管理的第一方法。客观规律是形而上的存在，永远无法忽略。

近些年，有学者对《易经》提出了一些批评，认为《易经》对中国近代以来的进步缓慢负有一定的责任，这一观点遭到了很多“易迷”的呵斥。其实学者们对《易经》的批判，绝对必要。就好比当下发行的任何一张百元钞票，都是一面印着毛主席亲切的笑容，另一面印着人民大会堂的威严身影。例如只有一面图案的，我们肯定不要，除非为了收藏，否则这钞票就没有任何货币价值。《易经》也是一样，对我们进行管理和认识事物既有积极的帮助，也有消极的全面影响。所以，我们应当审慎地去研究应当怎样发扬《易经》的精华，同时如何克服或者减少《易经》可能带来的负面效应，这样辩证的态度，才是学习《易经》的正确态度。

容不得批评和追问的，其实并不是《易经》的真正传人，对《易经》的批判，其实是对真正“易迷”的考验和甄别。因为凡是真理，你越是批评它、攻击它，它就越强大。

《易经》绝对有这样的自信。

【一】

管理必然是哲学的

我们在前面就已提到，在亚里士多德时代，人类所有的知识被分为两种：一种是有关自然存在、自然规律的，被称为物理学；第二种是有关人类认识、人类思维的，被称为哲学。这是一种物质与意识、存在与思维的宏观划分方法，是“一阴一阳之谓道”的考察方式。物理学和哲学的两分法确立之后，随着人类知识的增长，一些具体的学科不断获得更多的内涵和清晰的体系，就不断地被分离出去，作为独立的学科被人们学习和接受。从古老物理学中衍生了数学、近代物理学、化学，从古老哲学中衍生了法学、伦理学、政治学，等等。亚当·斯密的专业是道德哲学，包括政治经济学，他由此创立了古典经济学；马克斯·韦伯的专业是社会学，由于对社会组织的深入研究，他创立了企业科层制理论。

其实大自然是浑然一体的，一切具体的学科都是人类为了研究和认识自然而人为划分出来的，所以，尽管不同学科的知识内容可能迥然不同，但仍然必须遵守同样的认识规律和思维规律，在这个意义上，哲学永远是统帅一切学科的。

哲学的本质任务是对人类和自然的终极关怀，在这种目标或说任务的价位上，哲学具备最高的价值阶位，所以冯友兰先生曾经预言："在未来的世界，人类将要以哲学代替宗教。人不一定应当是宗教的，但是他一定是哲学的。他一旦是哲学的，他也就有了正是宗教的洪福。"

管理学虽然还没有成为独立的学科，但展现出了蓬勃的生命力，具体的管理实践更是深刻地影响着我们每一个人的认识和生活。如上所述，人类对管理知识和管理实践的认识与总结，也必然遵循哲学的认识规律和思维规律，所以管理哲学的研究是非常有必要的。在此意义上，可以说管理就必然是哲学的。

管理实践的直接意义也许是创造物质财富，但如果探寻其终极价值承载的话，管理实践仍然应当遵循哲学的使命，回归到对人类和自然的终极关怀上来。

中国式管理的存在毋庸置疑，因为略有工作经验的人都知道，即使同为经济发达国家，法国、美国和日本在管理理念与管理方式上也是大相径庭的，而在传统文化影响下的中国管理理念更是与其他国家迥然不同。其中，对管理学影响最大的就是“以伦理为法律和宗教”的文化传统，完全不同于西方社会“以法律为伦理和宗教”的文化，这种差异极大的文化影响着人们的认识和行为方式。站在全人类的视角，管理学从亨利·法约尔和弗里德里克·泰勒开始获得相对独立的学科地位，经由日本的人本实验和有限质量观念，最终在中国获得真正的普适性的成熟，并且，管理学在中国实践中所获得的这种逐步成熟，恐怕首先是体现为管理哲学的成熟。

按照通常的学术思维规律，管理哲学的成熟当然不是零星的格言警句的增加，而是体现为范畴和范式的逐步成熟，从概念开始组建的思维结构，是这个交叉学科获得自立的必然条件。

【二】

管理哲学的三大内容

管理哲学体系的三个层次分别是管理规律（纯粹理性）、管理实践（实践理性）和管理艺术（判断力）。而企业成长的一般性规律属于管理规律层面的，不管人们是否认识到它，它都是客观存在着，不是我们人为的实践理性能够去擅自左右和改变的。比如我们不能批评一个三岁的男孩子为什么没有长胡须，因为长了胡须反而违反了人的自然成长规律。

管理哲学的本质就是让管理者去认识这些纯粹理性范畴的管理规律，然后去指导他们的管理实践活动，这就是实践理性，并在管理实践中发挥和体现管理者的判断能力和审美体会，达到管理艺术的境界。

比如牛顿三大定律，在牛顿没有发现这三大定律之前，就是在自然界客观存在的。牛顿发现了这些规律，并予以验证，总结成文字，我们就可以按照这些规律去生产和工作。但是，我们也知道，宇宙间的客观规律不是人类所能彻底掌握的，我们只能永远趋近于这些规律。

管理学也是一样，人们对管理规律的认识经历了一个曲折的过程，应该说，直到今天人们知道的还很少。管理学博大精深，还需要人们持续的探索。我们前面提出的管理哲学四大方法，其实就是要为管理者提供更多的启发。自怀疑始，通过科学分析的定义，归纳与演绎，对立统一的思考，帮助我们获得更深刻的管理认识。

在四大哲学方法的基础上，我们可以去尝试构建管理哲学的范式，或者说理论推演的结构。其中首先要提炼和归纳管理哲学是由哪些部分组成的，因为“凡研究事物整体的方法，其着力之处无不在区分构成事物的各项内容和本质、揭示它们的制约关系，以把握其运动、发展、变化。更确切地说，对事物诸构项及其关系的分析与把握，是诸方法的共同之处，是方法的方法”。

首先，我们前面提到过，管理的本质是服务，是管理者为了企业的成长而提供的管理服务。管理既然是对生产要素的组织行为，就必受生产要素的客观规律所支配。这些客观规律是先于我们人类的知识而存在的，在哲学上又叫先验的，是自然本体的东西，不以人的意志为转移。显然，违反客观规律的企业就不会成功。

其次，我们认识到这些管理规律，其中包括物理学规律、化学规律，也包括经济学规律、心理学规律等，再用这些规律来指导我们的行为，并体现在管理实践之中。宏观管理从英国的允许利息到美国的凯恩斯主义，微观管理从泰勒标准化到日本的有限质量，还有我们前面提到的投资加速递增或者经济衰退周期，等等，都是人类不断探索管理规律、不断应用于管理实践的过程。

最后，在管理实践中还需要体现管理者的判断力。管理需要决策、需要选择，为谁生产，如何生产，如何激励员工进步，如何投放广告说服消费者购买，等等，这些都需要管理者作出判断，这种判断力的展示就是管理者人格力量的体现，我们称之为管理艺术。

所以，我们现在知道，管理哲学包括三部分内容，也就是管理规律、管理实践和管理艺术。其中，管理规律是纯粹理性的，是客观存在的；管理实践是实践理性的，是我们在认识客观规律之后的行为；管理艺术是管理者判断力的展示。

我们认为，凡是管理中出了问题，无论社会管理，还是企业管理，无论是企业成本偏高，还是员工不听话，缺乏执行力，都是管理者没有发现和尊重客观规律的过错。

简单地说，管理的过程就是我们认识管理规律应用于管理实践并体现管理判断的过程。

【三】

管理哲学的四大方法

科学的本质，其实不在于结论，而在于方法。达尔文说最重要的知识就是关于方法的知识，管理哲学尤其如此，所以，我们在这里介绍一下四种哲学方法的使用，这是我们科学思维最重要的方法。

1. 怀疑

法国著名哲学家笛卡尔说："如果你想成为一个真正的真理寻求者，在你的一生中至少应该有一段时间，要对一切事物都尽量怀疑。"

所以，我们说怀疑是一切真理的母亲，是我们管理哲学的第一方法。

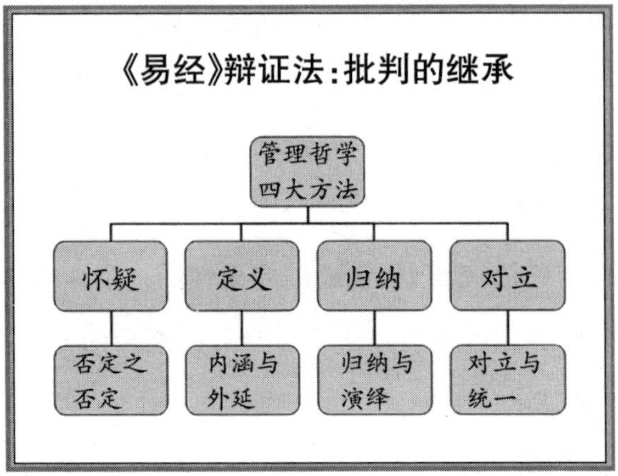

怀疑是系统的怀疑，是合理的怀疑，也包括对自我的怀疑。怀疑的目的不是刻意地去否定一切，而是企图不断地探究本质、探寻真理，是一个否定之否定的扬弃过程。怀疑的后果是我们具备了一种科学的态度，能科学地分析任何事情。

最简便的怀疑方法就是证否，这种方法可以立即引起我们的反思和探索。罗素说："具备科学公正的态度是十分重要的品质，一个人如果认为有什么是他有义务必须相信不可的话，他便很难具备这样的品质。"

人生其实就是不断怀疑的过程，习惯于怀疑，习惯于探知的人，肯定是一个充满智慧的人。

2. 定义

定义是在寻找概念，概念是人类思维的基本单位。正如柏拉图所指出的，普遍定义的思维方式是苏格拉底创造的重要哲学方法。探寻管理中对事物下定义的过程，就是寻找这种事物的本质、发现根本特征并将其与其他概念区别开来的过程。随着定义的获得，我们对这种事物包含的内容也就会逐步掌握。只有在充分认识这种事物的基础上，我们才知道如何安排各种行动。

没有搞清楚定义就直接展开谈论，这是我们中国企业管理者习惯的思维方式，用李泽厚先生的话讲，这是一种“不重思辨体系和逻辑构造”的实用理性的文化心理结构，是一种文化特征。对于以工具理性为主的大机器生产方式来说，我们需要升华和扬弃这种传统的管理思维方式，虽然我们在前面比较详细地讲述了定义的相关内容，但在此我们仍然把定义方法特别地强调一下，以引起读者的深思。

3. 归纳

归纳是一种重要的管理思维能力。错综复杂的管理事物，必然需要经过归纳之后，才能出现可预期的秩序特征。

归纳首先是类别的归纳，分门另类，分类思考是人类思维的基本模式。

归纳也是演绎的过程，从纷乱事物中总结经验和规律是归纳，以规律或者经验为指导的行为实践就是演绎。比如，老张是活雷锋、老李是活雷锋、老刘是活雷锋，假设老张、老李、老刘都是东北人，则就此可以归纳为东北人都是活雷锋，这是人类认知最通常的“三段论归纳方式”。相反，假设以东北人都是活雷锋为前提，又知道老张、老李、老刘都是东北人，从而可以演绎推论出这三个人都是活雷锋之一。如此不断反复，形成了我们的社会认知，管理也肯定遵循这样的认知思维规律。但是，归纳的风险在于不能穷尽，也许某东北人并非活雷锋，甚至是周扒皮，则结论就被动摇；而演绎的危险在于前提并不一定为真，从错误的前提出发，当然不能得出正确的结论。

归纳和演绎，是人类终生学习和使用的哲学方法，无论其是否有自觉的理论意识。但如果觉悟到对此方法本身进行一些归纳思索，则必然有利于在管理实践中的运用。本书中，也一直在不停地使用归纳的方法，既包括归纳与演绎，也包括对任何管理事项的归纳总结、分类对待等。

在管理实践中，管理者在面对各种具体的管理事项时，要不断地强迫自己进行归纳、总结，争取凡事都能说出一二三，这样才有助于提高自己的管理水平。

4. 对立

对立是辩证统一，是一分为二之后的否定之否定，是从《易经》就开始的“一阴一阳之谓道”的中国思维特色。可以说，古典文献中的多数概念或者说范畴，其实只是属于对立范畴的子范畴而已，比如利弊相生、福祸相倚、独善其身与兼济天下、庙堂之高与江湖之远、长短、奇正、刚柔、张弛、内外、远近、轻重、缓急，等等。

至于今天常见的管理范畴或管理概念，如果脱离了对立的思维方式，则必然陷于极端化的境地而偏颇难立。经济人与社会人的双重假设、工具理性霸权和人本理念的冲突、买方与卖方、权利与义务、资产与负债，等等，莫不如是。

所以，唯有一分为二，并仔细探究二者关系及配比的“一二三”的“三生万物方法”，才是科学的管理思维模式。

掌握了管理哲学的四大方法，才能对《易经》思想进行批判地学习。只有经过反思和批判的思想内容，才能真正被继承，并焕发新的生机。